El pequeño libro para elegir las mejores acciones

El pequeño libro para elegir las mejores acciones

Cómo detectar las joyas ocultas

MARTIN S. FRIDSON

Traducción de Alexandre Casanovas

EDICIONES DEUSTO

Título original: *The Little Book of Picking Top Stocks: How to Spot Hidden Gems*

Publicado por John Wiley & Sons, Inc., Hoboken, Nueva Jersey. Publicado de manera simultánea en Canadá.

Deusto es un sello editorial de Centro de Libros PAPF, SLU.
Av. Diagonal, 662-664
08034 Barcelona
www.planetadelibros.com

Primera edición: mayo de 2025
Depósito legal: B. 6.877-2025
ISBN: 978-84-234-3903-4
Composición: Realización Planeta
Impresión y encuadernación: Huertas Industrias Gráficas, S. A.
Printed in Spain - Impreso en España

Este libro está dedicado a mi hermano,
Howard Fridson, un ejemplo excepcional
por ayudar a amigos y seres queridos
a superar los grandes retos de la vida

Sumario

Prólogo

Marty Fridson es un hombre del Renacimiento, toda una rareza en Wall Street.

Es un inversor brillante, un apasionado de la historia (no sólo de los mercados de valores) y un gran aficionado a la música. Tiene un ingenioso sentido del humor, sobre todo con los juegos de palabras. Es una fuente de inspiración para muchas personas, en especial para mí.

Nuestras carreras coinciden prácticamente hasta la actualidad; nuestras trayectorias divergieron casi de inmediato; pero hemos encontrado algunos puntos de intersección inolvidables a lo largo de las décadas. Yo empecé en Drexel Burnham; Marty empezó en Mitchell Hutchins. Yo escogí la renta variable; Marty se dedicó a la renta fija. No tardé en crear mi propia empresa; Marty acumuló una sucesión de impresionantes victorias en distintas firmas de primer nivel. Me asignaron el mote «El servicio de documentación de Wall Street»; Marty se convirtió en el «decano del mercado de alta rentabilidad». Hace varias décadas, nos hicimos amigos gracias a nuestro trabajo en el Instituto CFA (antes, AIMR).

Desde el Instituto CFA hasta el *Financial Analysts Journal*, las contribuciones de Marty a la profesión son muy significativas. Muchos autores viven con el miedo de ser objeto de las críticas de Marty desde el blog *Enterprising Investor*. Tienen un miedo especial al último párrafo de sus artículos, porque es ahí donde revela los errores que ha descubierto en su trabajo: datos, lenguaje, contexto histórico... Pero nadie se queja; todo el mundo sabe que, después de haber escrito y editado una docena de títulos importantes, Marty se ha ganado el derecho a la crítica. (¡E impresiona que personalidades del calibre de Peter Bernstein y Jack Bogle le hayan dado las gracias por sus correcciones!)

En lo que escribe, Marty aporta a la obra esa mentalidad del Renacimiento, independientemente de la temática. Sus tesis sobre inversión siempre van acompañadas de enriquecedoras lecciones sobre la historia del mercado. Como valor añadido para el lector, Marty nunca puede resistirse a añadir una plétora de referencias musicales, tanto por su innato amor hacia ese arte como por la influencia de su mujer, Elaine Sisman, profesora de música en Columbia.

En realidad, Marty escribe como un inversor. Como director de inversiones en Lehmann Livian Fridson Advisors, ha descrito su estrategia con el término *cuantamental*. Para los no iniciados, un *cuantamentalista* es el santo grial de Wall Street: una persona que conoce bien los números y que sabe combinarlos con el análisis fundamental. Pero, en los artículos que ofrece a sus lectores, Marty trasciende el mundo de las cifras. Combina las reflexiones de un veterano analista de valores con la precisión computacional de un inversor en renta fija. El mejor ejemplo de esa brillante alquimia es su libro *Financial statement analysis: a practitioner's guide*, que ya va por la quinta edición.

La última gran obra del decano del mercado de alta rentabilidad es un título que quizá sorprenda a unos cuantos: *El pequeño libro para elegir las mejores acciones*. En realidad, un inversor en bonos de alta rentabilidad como Marty tiene sobrada experiencia con el análisis fundamental, y es capaz de realizar los cálculos necesarios para ofrecer a los lectores importantes reflexiones cualitativas y cuantitativas. Aunque el título quizá te recuerde a otros libros sobre inversión que hayas podido leer, este que empiezas a leer es único en su clase, igual que Marty: revelador, informativo y provocativo..., ¡con la ventaja añadida de que tiene razón!

Mi trayectoria como inversor ha sido mucho más fructífera en los períodos en que mis pasos se cruzaron con los de Marty. Como estudioso del mercado e inversor experimentado, quizá estoy mejor preparado que otros para apreciar la riqueza de sus escritos. En *El pequeño libro para elegir las mejores acciones*, el polímata Martin Fridson comparte su riqueza con todos nosotros.

THEODORE R. ARONSON,
cofundador de AJO Vista y expresidente
del Instituto CFA

Introducción

Respira hondo. Estás a punto de ver la Bolsa desde un ángulo radicalmente distinto. El principal objetivo de este libro es descubrir el valor que se convertirá en la acción más rentable del índice S&P 500. En el período estudiado, esta clase de acciones han generado una rentabilidad anual que ha variado entre el 80 % y el 743 %.

Seguro que has leído miles de artículos sobre las estrategias de inversión estandarizadas. Las instituciones y los asesores financieros suelen hablar de temas que suenan bastante familiares: «Céntrate en el largo plazo. Diversifica. Quédate con empresas de alta calidad, con beneficios estables y una gestión de eficacia probada». Palabras muy sabias, a las que merece la pena prestar atención si deseas asegurarte tu futuro financiero.

Pero afrontemos la realidad. Todos esos principios tan prudentes no describen ni por asomo las estrategias de determinados inversores. Un porcentaje sustancial de los individuos que compran acciones quiere tener un día de cobro absolutamente colosal. Y no en algún momento entre el presente y la fecha de su jubilación, dentro de cuarenta años, sino ahora mismo, de inmediato. O antes incluso. No tienen ningún interés en «anotar un montón de puntos». Sacan para ganar un *grand slam*, para llevarse el partido, y en este mismo juego.

El estilo de inversión que busca recompensas inmediatas saltó a los titulares de la prensa económica en el año 2021. Grandes masas de recién llegados al mercado empezaron a obsesionarse con las acciones «meme». Eran acciones de un reducido grupo de empresas, que acaparaban la conversación en las redes sociales, y que salieron disparadas hasta tocar la Luna; para, después, en algunos casos, volver a la Tierra en un aterrizaje forzoso.

Los fanáticos de las acciones meme no estaban pensando en financiar su jubilación o la universidad de unos hijos que aún no habían nacido. El análisis fundamental no desempeñaba ningún papel en su proceso de selección de «hacciones».[1] Aquellos filibusteros alardeaban incluso de no saber absolutamente nada de las empresas en las que invertían su dinero. Tampoco les importaba lo más mínimo la diversificación de los riesgos. Un *influencer* recomendaba: «Cuando te decidas a abrir una opera-

1. Por «*stonks*», versión mal deletreada de la palabra *stocks* ('acciones'), que se hizo popular durante la fiebre de GameStock y otros valores similares para sugerir que los nuevos inversores no sabían nada del mercado. *(N. del t.)*

ción YOLO,[2] destina del 98 al 100 % de tu cartera a ese valor».[3]

Aspirar a una victoria colosal no es nada nuevo. En todas las grandes subidas del mercado de los últimos siglos, la creación repentina y espectacular de riqueza ha deslumbrado a un público que hasta entonces no había prestado demasiada atención a la cotización de las acciones. La propia naturaleza de los programas informativos explica por qué un titular sobre un valor que ha subido un 1.000 % atrae muchas más miradas que un índice que ha avanzado un 50 %. Al hacer tanto hincapié en esta clase de noticias, muchos inversores novatos llegan a la conclusión de que pueden hacerse ricos si destinan la totalidad de sus modestos ahorros a la próxima empresa que romperá todos los gráficos. El pequeño detalle que queda por resolver es cuál será esa empresa.

Ese tipo de mentalidad suena bastante inocente a oídos de los inversores más fogueados, que ya han visto cómo fracasaban una infinidad de ambiciosos aspirantes. Pero creer que una empresa aislada va a dar la campanada y generar unos cuantiosos beneficios no sólo es posible, sino casi inevitable. Muy de vez en cuando, un avance tecnológico espectacular crea una oportunidad única para que los beneficios de las empresas que se dedican a su producción y comercialización acumulen ganancias astronómicas.

2. Siglas en inglés de «*you only live once*» ('sólo se vive una vez').

3. Gobler, Erin, «Stonks, apes, YOLO: your guide to meme stock trading slang», *The Balance*, actualizado el 19 de junio de 2022, <https://www.thebalancemoney.com/your-guide-to-meme-stock-trading-slang-5216722>.

Para la generación anterior, «encontrar la próxima Xerox» fue la aspiración de los currantes que tenían un dólar y el sueño de unirse a los ociosos ricos. El proceso para hacer fotocopias patentado por Xerox (XRX) revolucionó el trabajo en las oficinas. El precio de la acción se multiplicó por quince desde mediados de 1961 —cuando Xerox empezó a cotizar en la Bolsa de Nueva York (NYSE)— hasta mediados de 1965. Pero aquellas ganancias palidecían en comparación con la revalorización de la acción en los días previos a su participación en el NYSE. Con todo, desde su mínimo en 1949 a su máximo histórico de 1999, el precio de XRX llegó a multiplicarse 4.500 veces.

Desde entonces, muchos otros valores han subido al escenario como verdaderas estrellas del *rock*. Y es que cosechar enormes beneficios en la Bolsa no siempre requiere tanta paciencia. Por ejemplo, las acciones de Cisco ganaron un 185 % en 1991. En 1999, el precio de la acción de Oracle subió un 289 %. En 1998, las acciones de Amazon se revalorizaron un alucinante 967 %.

Estos repuntes tan espectaculares a corto plazo no se restringen al sector tecnológico. Tractor Supply se disparó un 301 % en 2011. Tres años después, Monster Beverage marcó unos beneficios anuales del 332 %.

Cuando empecé a dedicar 50 dólares de mi sueldo a invertir en acciones, no contaba con obtener unos resultados tan espectaculares gracias a una única apuesta. Toda mi formación en la escuela de negocios, mi trabajo cotidiano como agente de Bolsa y los estudios que estaba cursando para ser un *chartered financial analyst* ('analista financiero titulado') enfatizaban el enfoque basado en la obtención de beneficios constantes, aunque modestos, a través del análisis minucioso de una serie de empresas.

Entonces, alrededor de 1983, tuve mi primer contacto con un enfoque más audaz. En aquella época, ejercía el cargo de vicepresidente de programas en la asociación de antiguos alumnos de mi facultad. Organicé una presentación de un asesor financiero, que expuso un cuidadoso plan para acumular pacientemente un buen patrimonio neto a lo largo de toda una vida. Los elementos básicos incluían el ahorro diligente, la inversión periódica para promediar los precios, el control de los altibajos anuales mediante la confección de una cartera equilibrada, y tener un gran conocimiento de los impuestos que gravan los beneficios de capital.

En el turno de preguntas, un miembro del club expresó un absoluto desprecio por lo que había escuchado. «Esta especie de cuento no te va a ayudar a cambiar de estilo de vida», dijo con desdén. Quiso dejar claro que, para conseguir algo así, los presentes tendrían que invertir en operaciones más especulativas. Dio la casualidad de que se dedicaba profesionalmente a esa clase de operaciones.

Aquella crítica devastadora a la propuesta del orador invitado no provocó ningún cambio radical en mi método de inversión. En mis inversiones personales, y después como gestor financiero profesional, he seguido confiando en un principio que ha superado la prueba del tiempo: créate un patrimonio a largo plazo adquiriendo una parte de la pujante economía global.

Los datos son claros: si esquivas el espejismo de querer entrar en el mejor momento del mercado y te alejas de las modas pasajeras, podrás acumular una buena cesta para la jubilación. El tamaño de esa cesta dependerá en buena medida de cuánto dinero hayas ahorrado e invertido cada año. Y si una buena selección de valores hace crecer esa riqueza a un porcentaje superior al promedio del mercado, mucho mejor.

Pero la idea de mi antiguo compañero de clase, hacerse con un botín lo bastante importante como para poder costear un cambio de estilo de vida, acertaba en una cuestión fundamental: las precavidas parejas de clase media que aparecen en los anuncios de los brókeres y las firmas de inversión sólo representan un segmento del público inversor. Una significativa minoría fantasea con mansiones de 50 millones y coches de 500.000 dólares. Y, si es posible, desde ahora mismo. Pero cada vez que el mercado retrocede después de alcanzar un máximo delirante, las esperanzas de esa clase de especuladores se rompen en mil pedazos. Aun así, cuando el mercado vuelva a vivir su próximo ascenso meteórico, una nueva generación de recién llegados estará ahí para perseguir el mismo sueño de una rápida fortuna. Y algunos de los que acabaron muy quemados la última vez volverán convencidos de que esta vez todo va a salir bien.

Este aspecto del comportamiento humano no sólo se manifiesta durante las fiebres bursátiles, como en la locura de las puntocom de finales de la década de 1990. Cuando los precios de la vivienda se dispararon en la década de 2000, el sueño de tener una casa en propiedad no tardó en transformarse en disponer de una pequeña cantidad para amasar una fortuna en el sector inmobiliario residencial. No es una coincidencia que esa idea suene tan factible como la de convertirse en cienmillonario con un «sistema» para ganar a los grandes corredores de apuestas en el hipódromo.

Pensemos un momento en esa expresión tan habitual: «jugar a la Bolsa». Esa locución se oye desde antes de que los autodenominados defensores del bienestar público empezaran a condenar la «gamificación de la inversión». Concentrar toda la cartera en un único valor, con la esperanza de encontrar una mina de oro y cambiar de vida, no se diferencia en nada de apostar todas las fichas a un número de la ruleta. En 1999, el entonces presidente de la Reserva Federal, Alan Greenspan, tenía buenos motivos para equiparar la compra de las explosivas acciones de internet con ganar el premio gordo de la lotería.

Pero, por otro lado, no todos los jugadores del casino ponen en la mesa los ahorros de toda una vida. Muchos sólo se entretienen jugando al *blackjack* o echando monedas a una máquina tragaperras durante unas horas. Saben que tienen muchos números para perder un par de cientos de dólares, aunque siempre existe la posibilidad de tener un golpe de suerte.

La cuestión es que hay gente que no siente una verdadera aversión al riesgo, como normalmente dan por sentado los manuales sobre finanzas. Algunas personas obtienen un placer físico al arriesgarse. Y ese placer resulta muy tentador si además hay un desafío intelectual involucrado. En cuanto a los riesgos financieros, el desafío consiste en encontrar una vía para canalizar la búsqueda de esa emoción en un tipo de actividad inofensiva. «Inofensiva» en este contexto significa que «en el peor de los casos, no te va a costar más de lo que gastarías en otro tipo de diversión».

Una gran autoridad como Jeremy Siegel, profesor emérito de finanzas de Wharton, comentó lo siguiente sobre las acciones meme: «Siempre recomiendo a la gente joven que, si quiere participar con un 10 o un 15 % de tu cartera en estos juegos, vale, de acuerdo. Pero que pongan el 85 % restante en algún tipo de fondo indexado a largo plazo».[4] En mi opinión, un 10 o un 15 % es bastante más de lo necesario para satisfacer la urgencia especulativa. Y los fondos indexados tampoco son la única elección responsable para el restante 98 o 99 %. Pero el comentario de Siegel reconoce que los inversores no son autómatas impasibles que tienen un ordenador por cerebro, aunque muchas investigaciones sobre finanzas los describan de ese modo.

Por más estudios que las universidades publiquen para demostrar la improbabilidad de vencer a un mercado de valores teóricamente perfecto, siempre habrá inversores que sientan un flechazo ocasional con alguna acción que podría ser «la buena». Y, si demuestran un poco de inteligencia, podrán reprimir el intenso deseo de jugarse la casa y el coche en la apuesta. Surge entonces una pregunta: ¿cómo proceder para detectar esa clase de valores tan espectaculares?

Hay pocas probabilidades de encontrar una respuesta satisfactoria en las investigaciones de Wall Street. Por su-

4. Hajiric, Vildana; y Regan, Michael P., «Jeremy Siegel says it's OK to "gamble" on speculative stocks», *Bloomberg News* (28 de agosto de 2022), <https://www.thewealthadvisor.com/article/jeremy-siegel-says-its-ok-gamble-speculative-stocks>.

puesto, los analistas que redactan esos informes son en general muy inteligentes. Poseen unos conocimientos excepcionales sobre los sectores que siguen a diario. Pero, a la hora de la verdad, ¿con qué fin utilizan toda esa información y ese gran cociente intelectual?

El principal objetivo de los analistas es ayudar a sus clientes institucionales a superar la media del mercado. Y no tienen que ganar al mercado por mucho. Un gestor que consiga cerrar cada año entre el 50 % con los mejores resultados terminará entre el 25 % de los profesionales más destacados. El rendimiento positivo sostenido atrae el dinero que busca un buen gestor, como ocurre con los planes de pensiones, los fondos patrimoniales, las personas con grandes patrimonios o los clientes de los fondos de inversión. Amasar un mayor número de activos gestionados significa obtener más ingresos por comisiones.

Las organizaciones que compiten en este sistema no van a arriesgar sus máquinas de hacer dinero por un único valor que podría dispararse hasta la estratosfera, pero que también podría caer en picado. Los gestores de inversión profesionales despiertan cuando un analista de Wall Street mejora la valoración de un activo de «igual que el mercado» a «por encima del mercado», o bien cuando incrementa un 10 % su precio objetivo. No buscan recomendaciones del estilo «aquí tienes al rey de todos los valores». Diversifican el riesgo en un montón de acciones diferentes. En un mundo ideal, los beneficios de esas acciones obtendrán una rentabilidad media que estará por encima del rendimiento del mercado. En cambio, los gestores siempre deben evitar a toda costa meterse en un pozo demasiado profundo, que los obligue a perder varios años hasta que el valor se recupere y vuelva a la media del mercado.

Cuando se trata de encontrar la acción n.º 1, los informes basados en los métodos tradicionales sólo tienen una utilidad muy concreta. Pueden ayudarte a conocer la verdad operativa de las empresas que ya has identificado como posibles candidatas al primer puesto. Pero el primer paso, antes de empezar a profundizar en los informes de investigación, consiste en descubrir los valores que más se parecen a los que encabezaron las clasificaciones de rentabilidad en el pasado. Ésa no es una de las prioridades del análisis de valores, pero en cambio sí es el enfoque principal de *El pequeño libro para elegir las mejores acciones*.

Voy a ser claro: este libro no está pensado para obligar a los lectores a apuntar siempre a lo más alto, en el caso de que no sientan una inclinación natural hacia ello. Yo explico las cosas, no vendo nada. Pero si empiezas a estudiar las acciones con la rentabilidad más elevada, seguro que aprenderás unas cuantas cosas sobre las dinámicas del mercado que te convertirán en un mejor inversor.

De hecho, si ya perteneces al club de los inversores, o si te diviertes charlando sobre la Bolsa con tus amigos, aquí tienes una idea que podrías probar: cuando se acerque el cierre del año, pídeles que nombren el valor del S&P 500 que, en su opinión, será el más rentable del próximo ejercicio. Pídeles que pongan unos cuantos dólares en una hucha, y el ganador del premio recibirá un cheque regalo o una cena en un buen restaurante. Los participantes también pueden comprar unas cuantas acciones de los valores nominados si así lo desean.

A juzgar por mi experiencia, deberías sentirte bastante satisfecho si logras que tu candidato sea el quinto mejor del año, o incluso si se cuela entre los cincuenta primeros. Pero el beneficio más importante siempre proviene de la propia investigación. Si estudias el mercado de forma sistemática, y a partir de todo lo que vas a aprender en las próximas páginas, vas a mejorar tus habilidades para realizar una tarea mucho más importante: crear una cartera que al mismo tiempo sea rentable y responsable.

Plan de ataque

Como te diría cualquier pescador experto, si quieres encontrar una buena presa, tienes que ir donde están los peces. Si tu objetivo es encontrar el próximo valor *número uno*,[5] no pierdas el tiempo con empresas que no se parecen en nada a los valores que en el pasado encabezaron la clasificación de la rentabilidad total. El truco consiste en eliminar tantas opciones a considerar como sea posible. Reducir la lista a un puñado de candidatos no te asegura que vayas a encontrar al vencedor final, pero sí incrementará tus opciones de una forma espectacular.

Empiezo el libro describiendo los inconvenientes de confiar en las investigaciones convencionales cuando el objetivo es encontrar al equivalente bursátil de un pez espada de 500 kilos. Un poco después, te cuento las historias de los valores que en el pasado ocuparon el primer puesto.

5. En castellano en el original. *(N. del t.)*

Acto seguido, hablo de varios filtros cuantitativos que pueden ser muy útiles para distinguir las sardinas de los tiburones. También explico varias técnicas de selección que suenan bastante bien, pero que en realidad sólo sirven para perderse por el camino. Y termino señalando las características cualitativas que han distinguido en el pasado a los mejores valores. Voy a centrarme sobre todo en las acciones que aparecen listadas en la tabla 1.1 y, muy en especial, en las que ocuparon los primeros puestos durante los últimos cinco años (2017-2021).

Tabla 1.1. Valores con mayor rentabilidad anual (2012-2021)

AÑO	VALOR	RENTABILIDAD (%)
2012	PulteGroup Inc.	188
2013	Netflix Inc.	298
2014	Southwest Airlines Co.	126
2015	Netflix Inc.	134
2016	Nvidia Corp.	227
2017	NRG Energy Inc.	134
2018	Advanced Micro Devices (AMD)	80
2019	Advanced Micro Devices (AMD)	148
2020	Tesla Inc.	743
2021	Devon Energy Corp.	196

Fuente: Bloomberg.

El resultado de este meticuloso estudio no es una simple fórmula cuantitativa que garantiza cada año la elección del valor n.º 1. Si fuera posible encontrar una fórmula parecida, todos los inversores la usarían. Aunque también es verdad que, si todos los inversores se lanzaran a la vez sobre esa empresa tan deseada, el precio de la acción subiría a comienzos de año hasta llegar a un nivel que dejaría poco margen para nuevos incrementos. Pero si utilizas una combinación de criterios cuantitativos y factores cualitativos, que comparten todos los valores líderes del mercado, podrás lanzar tus redes en una ubicación muy selecta donde normalmente se encuentran los peces más grandes.

No interpretes los «factores cualitativos» como si fueran características vagas e imprecisas. Hace tiempo, un profesor de tecnología e innovación de una de las escuelas de negocios más prestigiosas del mundo me habló de una empresa que le había llamado la atención. Me dijo que cumplía todos los requisitos que había definido para detectar las empresas con más posibilidades de triunfar a lo grande. Compré el valor, y no sólo se convirtió en el más rentable del S&P 500 durante aquel ejercicio, sino también en el n.º 1 entre todos los que habían ocupado el primer puesto de la lista durante el período de diez años que abarcaba el estudio. Le empresa era Tesla, y sus acciones subieron un 743 % en 2020.

No confíes en obtener unos beneficios de ese nivel cada vez que empieces a buscar un valor de primera categoría. Como he podido comprobar en primera persona, nunca es buena idea destinar un gran porcentaje de tu patrimonio a un único valor con la esperanza de ganar lo suficiente en los próximos doce meses para jubilarte definitivamente. Pero tampoco tienes que sacar un nombre de una chistera y esperar a que se produzca el milagro. Si sientes curiosidad por encontrar el camino que conduce a lo más alto, puedes localizarlo con un método basado en los datos y el cálculo. Sigue leyendo para descubrir cómo.

Martin Fridson tiene acciones de Tesla Inc. Los comentarios incluidos en este libro nunca deberían interpretarse como una recomendación o una opinión sobre el futuro rendimiento de los valores aquí mencionados. Las opiniones expresadas en estas páginas sólo pertenecen al autor y no representan la visión de Lehmann Livian Fridson Advisors LLC.

1

Olvídate del análisis convencional

Buscar la opinión de un profesional tiene sentido en muchas situaciones. Digamos que estás a punto de firmar la compra de una vivienda. Si no eres arquitecto y no estás especializado en la evaluación de la estructura y los cimientos, seguramente sea buena idea contratar a alguien que domine la materia para que le eche un vistazo. Y vamos a suponer que puedes permitirte la compra de un cuadro de un artista famoso, con la idea de colgarlo en una de las paredes de esa misma casa, aunque no conoces el mercado del arte. Entonces sería inteligente pagar a un asesor que pudiera decirte dónde se subastan obras de este tipo.

Según esta misma lógica, alguien podría deducir que, si quieres encontrar la mejor acción del año que viene, sería buena idea estudiar los informes que producen las personas que se ganan la vida analizando valores. Los analistas de valores que trabajan en las firmas de Wall Street o en las agencias de investigación independientes conocen de arriba abajo las empresas que siguen, ya que están especializados en un sector y se concentran en un número de acciones bastante limitado. Después de estudiar esos sectores durante muchos años, han conseguido una buena lista de contactos entre los proveedores y clientes de las empresas.

Como resultado, los analistas suelen saber lo que ocurre en la calle mucho antes de que aparezca en los informes de resultados que publica la prensa especializada. Es más, los analistas de valores procesan una gigantesca cantidad de datos. La información que reúnen complementa las opiniones que se forjan a lo largo de su dilatada carrera. Además, la mayoría de los analistas de valores de Wall Street son extremadamente inteligentes. Y, gracias a los estudios y clasificaciones anuales que elaboran distintas organizaciones, entre las que destaca Institutional Investor, cualquiera puede averiguar con absoluta certeza quién, entre todos esos analistas tan brillantes y motivados, es el mejor en su especialidad.

Pese a todas esas garantías, ¿crees que deberías someter las recomendaciones de los mejores analistas a una nueva batería de pruebas? Ningún problema. Sus consejos, que se basan en factores «fundamentales» como las fuerzas competitivas de una empresa y las proyecciones de beneficios, se complementan con un análisis «técnico» que realiza un grupo diferente de profesionales, también muy inteligentes. Conocidos como «chartistas», por *chart* [gráfico], estos analistas elaboran predicciones sobre los futuros movimientos de las acciones a partir de relaciones estadísticas entre las tendencias del precio de un período y del siguiente.

Sin duda, cualquier inversor tiene un gran arsenal intelectual a su disposición para tratar de identificar el valor más rentable del año antes de que llegue a la Luna. La gran pregunta es si, entre todas las armas de ese arsenal, hay alguna que tenga una utilidad real en esta cruzada. No estoy cuestionando el valor de unas habilidades que proporcionan a los mejores analistas una retribución muy generosa. El único problema es que el sistema del que forman parte no está pensado para el objetivo que constituye la principal meta de este libro.

De las proyecciones de ingresos a las recomendaciones

El clásico departamento de análisis de valores de Wall Street incluye a un grupo de profesionales especializados que cubren una amplia variedad de sectores: alta tecnología, baja tecnología, finanzas, productores de materias primas, fabricantes de bienes de consumo, *business-to-business* (B2B) y un largo etcétera. La dinámica competitiva de esos sectores varía muchísimo, pero los analistas sintetizan todo su trabajo con un conjunto de acrónimos uniformizado y fácil de entender.

Los analistas pronostican los ingresos de una empresa para el próximo ejercicio y dividen esa cantidad por el número total de acciones en circulación, con el fin de obtener una estimación de los beneficios por acción (BPA, o *earnings per share* [EPS]). Dividir el precio de la acción de la empresa por la proyección del BPA produce el múltiplo precio-beneficio (PER). Los múltiplos del PER también pueden calcularse trasladando al denominador el BPA de los doce meses siguientes.

Los múltiplos del PER varían en función de la percepción sobre la calidad de los ingresos de la empresa y de la previsión del futuro porcentaje de crecimiento del BPA. El analista que cubre un determinado valor también expresa su opinión personal sobre cuál debería sería el PER ideal, a partir de la comparación de esos factores con los de otras empresas del mismo sector. Multiplicar el múltiplo del PER «correcto» de la empresa por la proyección del BPA produce un precio objetivo (PO, o *price target* [PT]).

A partir de la comparación entre el precio actual de la acción y el precio objetivo previsto, el analista asigna una calificación al valor. La terminología utilizada para otorgar las puntuaciones varía en función de la agencia, pero el sistema más sencillo incluye una recomendación para «comprar», «mantener» o «vender». La terminología de otras agencias enfatiza el comportamiento previsto del valor en relación con la media del mercado, por lo que utiliza conceptos como «por encima del mercado» o «igual que el mercado». Pero más allá de la terminología, el inversor tiene la posibilidad de analizar la lista completa de las recomendaciones de la agencia y decidir qué valor tiene más puntos a su favor comparando su situación actual con el PO. Todos estos dictámenes se basan, recordemos, en la trascendental tarea de pronosticar el BPA de la empresa.

Sólo hay un pequeño problema.

La irrelevancia del BPA

Medio siglo antes de la publicación de este libro, el distinguido economista financiero Joel Stern demostró que el BPA no tiene ninguna influencia en el precio de una acción. Los descubrimientos de Stern no acabaron perdidos en la oscuridad de los tiempos ni sepultados en el olvido. Su artículo «Los beneficios por acción no cuentan» apareció en el muy leído *Financial Analysts Journal* de julio-agosto de 1974, y fue objeto de un apasionado debate en la Harvard Business School, en la que me matriculé el mes siguiente.[6] (Advertencia: los ocho párrafos siguientes son más técnicos que el resto del contenido del libro. Puedes leer en diagonal los detalles del debate, que aparecen a continuación, si estás dispuesto a aceptar las conclusiones de Stern con el argumento de que ya han recibido el visto bueno de los editores de una destacada revista académica. El *Financial Analysts Journal* es ahora la publicación de referencia de la asociación que reúne a los analistas financieros titulados.)

La falacia que se basa en ver el precio de la acción como una función del BPA puede detectarse con facilidad si analizamos una empresa ficticia, PFDZ Corp., que ob-

6. Stern, Joel M., «Earnings per share don't count», *Financial Analysts Journal* (julio-agosto de 1974), pp. 39-43 y 67-75.

tiene unos sólidos beneficios del 15 % sobre su capital fijo. (El capital fijo incluye activos como los inmuebles, la fábrica y la maquinaria.) Gracias a su sólida rentabilidad, la empresa tiene una elevada puntuación crediticia que le permite pedir dinero prestado a una tasa del 4 %. PFDZ podría incrementar bastante su BPA pidiendo dinero prestado para realizar una inversión que le reporte cualquier cantidad por encima del 4 %. Para desarrollar el argumento, fijaré ese porcentaje en el 5 %.

¿Cómo responderá el mercado a la noticia de que PFDZ, que antes ganaba un 15 % sobre el capital fijo, ahora espera ganar sólo un 5 % en sus nuevas inversiones? Digamos que la noticia no se recibirá con un sonoro aplauso. Como señala Stern, el mercado reducirá el múltiplo PER del BPA de PFDZ para reflejar el incremento del apalancamiento financiero, es decir, la dependencia del dinero prestado. En resumen, el BPA aumentará, pero el precio de la acción de PFDZ no lo hará. Podría incluso bajar.

Aquí tienes otro ejemplo que demuestra la falacia del BPA, tal como defiende Stern: pensemos en dos empresas ficticias, NWRQ y YMDO. Ambas ganaron 1,00 dólar por acción durante los últimos 12 meses, y ambas esperan aumentar sus beneficios a un ritmo de un 10 % anual. Ninguna de las dos empresas tiene deudas en el balance, y tampoco tienen intención de recurrir al crédito en el futuro. En función de lo que sabemos hasta ahora, la previsión es que las acciones de ambas empresas se vendan al mismo múltiplo PER. Vamos a suponer que está a 20 veces los beneficios, lo que significa que NWRQ e YMDO cotizan a 20 dólares en el mercado.

Pero ahora vamos a añadir un nuevo detalle a la información disponible. NWRQ podría obtener ese aumento de los beneficios, del 10 %, sin necesidad de aumentar el capital actual. Es una empresa de «activos ligeros», que genera la mayoría de sus ventas con la capacidad intelectual de sus desarrolladores de software, quienes ocupan un espacio en la oficina que ya está asignado y trabajan con unos ordenadores que también están ya instalados y contabilizados. YMDO, por su parte, va a necesitar un dólar adicional de capital para obtener un dólar extra con las ventas que debe generar para incrementar sus beneficios. ¿De dónde obtendrá YMDO todo ese capital adicional? Tras descartar el recurso de endeudarse, la empresa sólo tiene dos posibles opciones.

La primera posibilidad es vender un paquete adicional de acciones y financiar así las inversiones necesarias para generar ese incremento previsto de los beneficios, del 10 % durante los próximos 12 meses. En este caso, los beneficios de YMDO se repartirán entre un mayor número de acciones que en el pasado. El BPA de YMDO bajará, en comparación con el de NWRQ, ya que esta última no necesita emitir nuevas acciones. Si el BPA fuera en realidad el criterio que utiliza el mercado para asignar un precio a cada valor (en función del múltiplo para el próximo ejercicio), las acciones de NWRQ deberían tener un precio más alto que los títulos de YMDO. Sin embargo, ambas empresas cotizan a 20 dólares.

El segundo método que YMDO puede utilizar para reunir el capital necesario consiste en aumentar los beneficios reinvirtiendo parte de sus ganancias en la propia empresa.

NWRQ, por otro lado, puede devolver a los accionistas todos sus beneficios a través del pago de dividendos. Tras repasar todos los datos, ¿de verdad pagarías un precio tan alto por las acciones de YMDO, que este año tienen el mismo PER y la misma proyección de beneficios que NWRQ, pero con un dividendo más pequeño?

Entre las posibles alternativas, NWRQ puede devolver el cien por cien de sus beneficios a los accionistas con recompras de sus acciones. Así reduciría el número de acciones en circulación y aumentaría el BPA durante los próximos doce meses. Si YMDO intenta seguir la misma estrategia, tendrá menos dinero para gastar en recompras de acciones, porque necesita invertir una parte de sus beneficios en la propia empresa. En comparación con NWRQ, YMDO tendrá más acciones en circulación dentro de un año y una proyección del BPA más baja. De nuevo, el mercado asignará un precio más bajo a sus acciones que a los títulos actuales de NWRQ, incluso si aplica el mismo múltiplo PER (20 veces los beneficios) al BPA previsto de ambas empresas. Sin embargo, esta realidad entra en clara contradicción con la premisa de que en la actualidad ambos valores cotizan a 20 dólares.

Evidentemente, es imposible que NWRQ e YMDO coticen a precios diferentes e idénticos al mismo tiempo. Stern resuelve esta paradoja con una ineludible conclusión: en realidad, el mercado no valora las acciones a partir del BPA. Lo que de verdad tiene en cuenta, en palabras de Stern, «es el beneficio neto a partir de la cantidad de capital que haya que invertir para poder mantener el porcentaje previsto de crecimiento de los beneficios». Bautizó esa métrica con el nombre «flujo de caja libre». El Instituto Corporativo de Finanzas define el flujo de caja libre como «flujo de caja operativo», o bien «inversiones en bienes de capital», o «gasto de capital» (*capital expenditure* [*capex*])».

Stern expuso estos hechos irrefutables cincuenta años antes de que este libro saliera al mercado. Sin embargo, como Hans Wagner lamentaba en 2022 en un artículo de la Investopedia, hasta hoy, «muy pocas personas se fijan en la cantidad disponible del flujo de caja libre (FCF, por sus siglas en inglés) en relación con el valor de la empresa».[7] No es ninguna sorpresa, habida cuenta del gigantesco volumen de estudios e investigaciones que se publican cada año y que sólo se centran en el BPA. Los inversores que han aprendido a repetir la fórmula «el precio es igual al BPA por el PER» no tienen demasiadas ganas de buscar los tres pies al gato con el FCF.

BPA: defectuoso pero dominante

Como Stern comentaba en su artículo de 1974: «Que el BPA sea fácil de calcular es una excusa insuficiente para utilizarlo como instrumento de análisis».[8] Sin duda, la simplicidad no justifica la confianza en una métrica que

7. Wagner, Hans, «Free cash flow yield: the best fundamental indicator», Investopedia, actualizado el 2 de julio de 2022, <https://www.investopedia.com/articles/fundamental-analysis/09/free-cash-flow-yield.asp>.

8. Stern, *op. cit.*, p. 75.

no refleja los métodos que usan los inversores más sofisticados (los «cabestros», o líderes de la manada) para valorar las acciones y que, según Stern, son quienes determinan los precios en última instancia.[9] De hecho, no es tan extraño que el mercado ignore el mensaje que transmite teóricamente una empresa cuando anuncia un BPA que supera los pronósticos de los analistas. En vez de subir, la acción a veces baja, porque los inversores se sienten decepcionados por otros datos del informe, como los ingresos totales, el margen bruto o las previsiones de beneficios de la empresa para el próximo período.

Sin embargo, el BPA se ha atrincherado en los informes de Wall Street, y lo ha hecho por un motivo fácil de entender. Imaginemos que eres un analista de valores especializado en un sector concreto que intenta dar la campanada recomendando un valor que, desde tu punto de vista, superará con creces la rentabilidad del índice durante el año que viene. Es muy difícil que los inversores presten atención a esa clase de predicción cuando ignoran por completo el sector en el que trabajas, y cuando todo parece indicar que seguirá sin ponerse de moda durante varios trimestres. Sin embargo, cada tres meses tienes una nueva oportunidad para llamar la atención. Sólo tienes que predecir con precisión el BPA trimestral de una de tus empresas y enseguida podrás probar las mieles del estrellato. No importa que la cifra sólo mantenga una vaga relación con la realidad eco-

9. «Cabestro» por *lead steer*, los toros mansos que guían a la manada. En este caso, no tiene el significado peyorativo que recoge la RAE, «persona torpe o ruda». *(N. del t.)*

nómica subyacente. El BPA puede manipularse sistemáticamente con la aplicación de decisiones contables arbitrarias e interesadas, que sólo buscan conseguir los resultados deseados por el equipo de dirección. Sólo los vendedores en corto se interesan por las cifras de beneficios que son en realidad una mera fantasía.

Más allá de la gratificación personal que obtienen los analistas por acertar la cifra, lo cierto es que tiene sentido que dediquen mucha energía a predecir las futuras estimaciones del BPA a noventa días. Hay varias organizaciones que recopilan las distintas proyecciones del BPA para generar las predicciones de consenso que he mencionado hace unos párrafos. Aparecer en esas recopilaciones certifica que una agencia de Bolsa o una firma de análisis independiente es un líder de opinión. Si éstas son las reglas del juego, al analista le interesa mucho ayudar al director de investigación de la firma y rellenar los recuadros en blanco del BPA en todas las empresas que sigue. Hay que seguir la corriente, como suele decirse. (Recuerda que publicar un pronóstico del BPA es totalmente opcional.)

La simplicidad también ayuda a explicar por qué el BPA tiene tanta importancia para la maquinaria de publicación de informes y análisis de Wall Street. Sin embargo, la predicción del BPA también ha despertado el interés de los profesores de finanzas, que distan mucho de sentirse intimidados por la complejidad. Desde la universidad se han llevado a cabo numerosos estudios sobre otros temas relacionados, como por qué los cálculos de los analistas tienden a decantarse hacia el excesivo optimismo o las posibles causas de que los incentivos que reciben provoquen graves errores de predicción.[10, 11] Otro estudio reveló que, en el 40 % de los casos, las previsiones del BPA que se basan en una serie temporal de datos pasados eran tan o más precisas que los pronósticos de consenso de los analistas.[12]

Pero preguntarse por los factores que llevan a una acción del S&P 500 a superar a las 499 restantes no es una de las preguntas que rondan la cabeza de los estudiosos de las finanzas. Con cierta lógica, prefieren preguntarse cosas como las siguientes: «Dentro de ese grupo de quinientos valores, ¿puedo encontrar algún rasgo compartido que me ayude a seleccionar cien acciones que, de media, acaben superando al índice?».

Si esos valores ganan en conjunto un 1 % más que el índice, mientras unos lo hacen mejor y otros peor, y se demuestra que el resultado tiene una explicación estadística y no es producto de un golpe de buena suerte, el estudio tiene entonces muchas posibilidades de ser publicado en una revista de prestigio. Un logro así puede hacer que el autor obtenga una plaza de catedrático o, si ya ha conseguido el puesto, que reciba una generosa oferta para trasladarse a una universidad rival por un salario más elevado.

10. Sedor, Lisa M., «An explanation for unintentional optimism in analysts' earnings forecasts», *The Accounting Review*, 77, 4 (octubre de 2022), pp. 731-753.

11. Gell, Sebastian, *Determinants of earnings forecast error, earnings forecast revision and earnings forecast accuracy*, Gabler Verlag y Springer Link, Alemania, 2012.

12. Lorek, Kenneth S.; y Pagash, Donald P., «Analysts versus time-series forecasts of quarterly earnings: a maintenance hypothesis revisited», *SSRN Electronic Journal* (2014).

La metodología descrita en el estudio puede llegar a convertirse incluso en una de las estrategias utilizadas por un gestor de inversiones institucional, que posee los recursos necesarios para seleccionar y seguir cientos de valores al mismo tiempo.

La moraleja es que los departamentos de finanzas de las escuelas de negocios de medio mundo producen cada año una ingente cantidad de investigaciones que tienen alguna utilidad real. Pero todos esos estudios no están pensados para el inversor que intenta hacer algo que los teóricos financieros consideran que un individuo racional nunca probaría; o sea, encontrar una aguja en un pajar que multiplique por dos (o por más) el capital invertido durante los próximos doce meses.

Esos mismos teóricos quizá no muestren tanta perplejidad si les explicas que sólo destinas un pequeño porcentaje de la cartera a intentar acertar con el premio gordo. Y que, mientras tanto, estás invirtiendo la mayoría de tu autogestionado plan de pensiones de una manera más prudente, con una cartera bien diversificada; el método que ellos aprueban como un enfoque racional. Pero, incluso si los profesores de finanzas te dan su aprobación, no parece muy probable que vayan a convertir la caza del n.º 1 en el tema de su próximo estudio de investigación. Las posibilidades de publicar en una de las revistas más prestigiosas aumentan si el autor se ciñe a los temas que en el pasado han ocupado la mayoría de sus páginas.

EL BPA contra la realidad subyacente

La excesiva dependencia del BPA que demuestran los analistas del *establishment* podría tener alguna justificación si los beneficios siempre señalaran la creación de valor real para los accionistas. En la práctica, la distancia entre los beneficios publicados y los reales puede ser enorme. En ocasiones, esa disparidad sólo refleja un descarado fraude contable. Pero un inversor nunca debería confiarse y pensar que conoce la verdad sobre los beneficios de una empresa sólo porque el equipo directivo está libre de demandas y acusaciones. El BPA publicado puede ser muy distinto a la realidad subyacente porque la dirección utiliza prácticas contables perfectamente legales, o porque la empresa reconoce más adelante que los números de los informes financieros trimestrales incluían errores.

Antes de analizar los métodos que utilizan las empresas para presentar una imagen distorsionada sin infringir las leyes, hay que ser claros sobre los motivos por los que adoptan estas prácticas de forma rutinaria. La razón es que las empresas que operan dentro del marco teórico «PER × BPA = precio de la acción» entienden que obtener un múltiplo elevado no sólo depende de que el crecimiento de los beneficios sea considerable, sino también de que sea constante. Reconocen que, en igualdad de condiciones, los inversores prefieren un BPA que crece año tras año a un ritmo constante, y que no les gusta apostar por una empresa que funciona a rachas. Así, entre dos valores idénticos en todo lo demás, el que tenga un BPA menos volátil debería recibir un múltiplo PER más alto y ofrecer una rentabilidad más elevada.

Eso es, al menos, lo que creen los directivos de las empresas. Sin embargo, no es eso lo que dice un estudio de 2013 realizado por Tim Koller, Rishi Raj y Abhishek Saxena.[13] Este grupo de investigadores de McKinsey, la empresa de consultoría de gestión, no encontró ninguna prueba estadística de que la baja volatilidad de los beneficios genere una mayor rentabilidad para los accionistas.

Pero, incluso si una baja volatilidad de los beneficios no se traduce en una alta rentabilidad para el inversor, los gestores institucionales siempre pueden recordar a los directivos de las empresas que prefieren los beneficios regulares a los erráticos. Imaginemos una reunión de un gestor de inversiones con uno de sus clientes, un promotor de un plan de pensiones, por ejemplo. Mientras repasan los valores actuales de la cartera, el cliente pregunta por una empresa que acaba de publicar una caída imprevista del BPA respecto al trimestre anterior. La subsiguiente caída del precio de la acción ha convertido ese valor en una clara apuesta fallida, dentro de una cartera que tampoco estaba obteniendo buenos resultados antes de esa desagradable sorpresa. ¿Por qué, quiere saber el cliente, el gestor de in-

13. Koller, Tim; Raj, Rishi; y Saxena, Abhishek, «Avoiding the consensus-earnings trap», McKinsey & Company, 2013, <https://www.mckinsey.com/~/media/McKinsey/Business%20Functions/Strategy%20and%20Corporate%20Finance/Our%20Insights/Avoiding%20the%20consensus%20earnings%20trap/Avoiding%20the%20consensus%20earnings%20trap.pdf>.

versiones no vio venir el peligro y redujo la exposición al valor con la debida antelación?

No es una conversación agradable para el gestor de la cartera. Pero comprar empresas que nunca den problemas por la publicación inesperada de beneficios negativos podría servir para evitar estas interacciones tan incómodas en el futuro. Por tanto, el mensaje que el gestor transmitirá probablemente en las reuniones con los directivos de las empresas y los banqueros de inversión será el siguiente: «Nos gustan las empresas que publican una bonita y constante progresión del BPA».

Como la empresa ansía que sus acciones pasen a formar parte de las carteras de los gestores que le trasladan un mensaje similar, la dirección puede, si así lo desea, tratar de acomodar sus demandas con métodos completamente legítimos que cambiarían los datos de su rendimiento económico. Imaginemos, por ejemplo, que un fabricante utiliza como materia prima ciertos componentes cuyos precios oscilan mucho entre trimestres. Si pacta el coste de esas materias primas en el mercado de futuros, la empresa podría evitar que las oscilaciones de los precios hagan saltar sus beneficios como un circo de pulgas.

Eliminar los altibajos de los costes de producción no es la única manera de conseguir un crecimiento sostenido del BPA. Otras estrategias corporativas mucho más genéricas también pueden reducir un poco la volatilidad de los beneficios. Por ejemplo, las empresas que trabajan en sectores con unos ingresos muy vinculados a los ciclos económicos podrían diversificar sus actividades en otros ámbitos que aguanten mejor en épocas de recesión.

Después de trabajar en varios bancos de inversión a lo largo de mi vida, he visto que muchos directivos experimentados sufrían para lidiar con la naturaleza cíclica del negocio de las comisiones. Un mercado caldeado avivaba el interés del público por la Bolsa, con el resultado de que el volumen de negociación y las comisiones aumentaban. No obstante, el auge se convertía en caída cuando el mercado se desplomaba. Para reducir las fluctuaciones, los bancos de inversión intentaban obtener gran parte de sus ingresos de actividades regulares y constantes, basadas en el cobro de comisiones. Y la gestión de activos era una de esas actividades. En vez de depender de que los clientes abrieran operaciones y pagaran una tarifa, las firmas preferían gestionar las carteras de sus clientes a cambio de una comisión, calculada como un porcentaje de su valor total.

Los valores de una cartera estaban sujetos a altibajos, pero las comisiones de gestión todavía eran una fuente de ingresos mucho más estable que las tarifas por operación. El atractivo de la propuesta ayudó a los bancos de inversión a abandonar cualquier duda sobre una actividad que requería una larga y cuidadosa investigación. Entrar en el negocio de la gestión a cambio de cobrar comisiones significaba competir con los mismos profesionales que tenían como clientes en su área institucional.

Es importante señalar que los investigadores de McKinsey no recomendaban realinear los ingresos de las empresas para lograr que el BPA refleje una progresión más constante. Sin embargo, eso es precisamente lo que hacen algunas empresas. Tratan de reducir la volatilidad de los beneficios diversificando las adquisiciones. La idea es que cada sector sigue un ciclo económico diferente, por lo que el beneficio máximo de una línea de negocio puede compensar el retroceso de otra.

La teoría suena bien, pero la práctica deja mucho que desear. Koller, Raj y Saxena descubrieron que, de las cincuenta empresas del S&P 500 que habían publicado una volatilidad de los beneficios más baja durante un período de diez años, menos de una decena estaban diversificadas, en el sentido de operar en más de dos sectores diferentes. Además, los expertos de McKinsey no encontraron ninguna prueba de que las empresas con la volatilidad más baja después alcanzaran precios más altos. Explicaron que, según su experiencia, la suma del valor total de las actividades de las empresas diversificadas casi nunca difería materialmente del valor de mercado de sus acciones.

Los investigadores de McKinsey realizaron su estudio muchos años después del desmantelamiento de los conglomerados más famosos creados en la década de 1960, en parte con la intención de reducir la volatilidad de los beneficios a través de la diversificación. La experiencia de aquellas empresas confirmaba la idea de que, en términos de valor de mercado, el todo era inferior a la suma de las partes. Sus acciones cotizaban con un «descuento por conglomerado».

Aquel descuento era tan sustancial que los «depredadores corporativos» podían pagar una prima sobre el precio de la acción de un conglomerado, y después vender o ramificar las distintas operaciones para obtener unos bonitos beneficios al final. En estos casos, el plan original de los creadores del conglomerado, obtener un múltiplo del PER elevado minimizando la volatilidad del BPA, sólo consiguió el efecto contrario. Querían que 2 + 2 fuera igual a 5, pero en cambio obtuvieron un 3 como resultado.

Hasta aquí los métodos a disposición de las empresas para reducir la volatilidad en las declaraciones trimestrales de beneficios mediante la manipulación de la realidad subyacente. Pero, cuando estos métodos no consiguen todo lo que la dirección desea —seguramente porque no existe ninguna empresa que crezca el mismo porcentaje cada año, y menos aún cada trimestre—, siempre hay otras formas de construir la fantasía de unos beneficios estables sin quebrantar las leyes.

Imaginemos que las ventas de una empresa experimentan un gran crecimiento durante el segundo trimestre, o bien por un incremento temporal de la demanda, o bien por la llegada de pedidos muy grandes y poco habituales. Parecen buenas noticias, pero, en un mundo de gestores, analistas y *traders* obsesionados con el BPA, eso puede convertirse en un problema. Vamos a suponer que hay pocas posibilidades de que la empresa vuelva a recibir ese dinero caído del cielo en el segundo trimestre del año que viene. ¿Cuál será el probable resultado, como consecuencia de los factores a corto plazo, si la empresa registra unos beneficios en el segundo trimestre que están bastante por encima de su tendencia habitual? Dentro de doce meses, el equipo directivo podría encontrarse en la nada envidiable situación de tener que publicar un incremento de los beneficios anuales bastante inferior a la media del segundo trimestre, a pesar de que el negocio marche bien.

En ese caso, los gestores de inversiones obsesionados con la estabilidad pueden llevarse una buena decepción y reducir sus posiciones en el valor. Las liquidaciones podrían hundir el precio de la acción; un pésimo resultado para el CEO, cuyas primas y bonificaciones están vinculadas a su importe.

Por suerte para el CEO, hay una solución. Sólo hay que adelantar al segundo trimestre una parte de las tareas habituales de mantenimiento, que estaban programadas para el tercero. Al añadir todo un período extra de gastos a las cuentas del anterior, los beneficios de ese segundo trimestre ya no estarán tan por encima de la línea de tendencia. De este modo, será posible publicar el incremento porcentual deseado en el segundo trimestre del año que viene.

Además, las ventajas del incremento de la demanda a corto plazo no se han perdido por el camino; sólo se han repartido en el tiempo de una forma más conveniente. Resultado: las acciones no tendrán grandes sobresaltos el año que viene, y las bonificaciones del CEO no sufrirán ningún daño por haber publicado demasiados beneficios durante el ejercicio anterior. En cambio, la medida será muy negativa para los inversores serios que sólo quieren hacerse una idea fidedigna del funcionamiento de la empresa.

Como es lógico, los problemas para obtener un crecimiento regular y constante del BPA —algo muy útil para todo el mundo, salvo para los inversores— pueden surgir por acontecimientos que provocan una fuerte caída, en vez de una acusada subida, de los beneficios trimestrales. Cuando eso ocurre, la «saturación de los canales de venta» (*channel-stuffing*) siempre puede acudir al rescate de las empresas que venden sus productos a través de distribuidores o mayoristas. Estas empresas contabilizan las ventas cuando los intermediarios adquieren sus productos, no cuando completan la transacción con el cliente final. Por lo tanto, si parece que las ventas van a caer un poco en el trimestre actual, sólo hace falta que los distribuidores o los mayoristas compren antes de lo que habían planeado. De esta forma, la empresa puede contabilizar una parte de las ventas en este trimestre, en lugar de en el próximo. Esta práctica también se conoce como «tomar prestadas» las ventas de un período futuro.

No obstante, esta solución tiene un posible riesgo. Los distribuidores que aceptan comprar antes de tiempo deben mantener en su inventario una cantidad de productos superior a la habitual hasta que las ventas directas a los clientes vuelvan a reducir las existencias. Y esta situación incrementa los costes de financiar los inventarios. Quizá les parezca estupendo poder echar una mano al fabricante para que presente una progresión estable de los beneficios, aunque resulte engañosa, pero, en cambio, no tienen por qué estar dispuestos a perder dinero en el proceso. En consecuencia, el fabricante tendrá que ofrecer un descuento al distribuidor para que participe en la jugada, a modo de compensación por adelantar las entregas previstas en el calendario.

Los ingresos que el fabricante sacrifica en este apaño no van a reaparecer más adelante. Se pierden para siempre. Y tampoco son el resultado de un descuento que se ofrece con un propósito comercial legítimo, como liquidar la vieja mercancía acumulada. Al contrario, la finalidad del descuento es meramente cosmética; o sea, sólo pretende crear la ilusión de que el porcentaje de incremento del BPA es sólido y constante. La creación de valor económico real ha pasado a un segundo plano a cambio de producir unos números que sólo ofrecen la apariencia de que la empresa está creando dicho valor.

El siguiente nivel en el mundo de fantasía de las declaraciones financieras consiste en «la modificación arbitraria del calendario de las decisiones contables discrecionales». Esta frase puede parecer un galimatías, pero su significado es en realidad fácil de entender. Supongamos, por ejemplo, que una empresa tiene en inventario mercancía que ha quedado obsoleta. En un momento dado, tendrá que rebajar el valor de esos productos a un nivel que represente el precio real que ahora podría obtener con su venta. Pero, en este caso, el criterio personal desempeña un papel importante para decidir el momento exacto en que el precio actual de la mercancía deja de ser una cifra realista.

Por supuesto, el criterio profesional de la dirección dice que el trimestre actual no es el mejor momento para llegar a semejante conclusión. Por una increíble coincidencia, este trimestre, los beneficios amenazan con quedarse por debajo de la línea de tendencia. Asumir una depreciación en este momento en particular empeoraría el problema.

En cambio, todo apunta a un repunte de los beneficios dentro de un par de trimestres. De hecho, en ese momento, el BPA correrá el peligro de superar por un amplio margen la línea de tendencia. Tras una meticulosa reflexión, la dirección concluye que la pérdida de valor de la mercancía obsoleta será indiscutible en un plazo de seis meses. Así pues, será ahí cuando la empresa decida asumir la depreciación.

Entre las pérdidas que las empresas pueden contabilizar cuando les parezca más conveniente, también se incluye la depreciación de los créditos de dudoso cobro. Se trata de las cantidades adeudadas por los clientes que compraron a crédito pero que, en vista de los acontecimientos, no van a poder pagar lo que deben. Del mismo modo, la dirección también puede imponer su criterio para decidir el momento en que quiere depreciar el fondo de comercio (*goodwill*).

A modo de explicación, el fondo de comercio es un elemento que se incluye en el balance cuando una empresa adquiere otra por un importe superior al valor contable de los activos netos de la compañía objetivo. Ahora imaginemos que la adquisición no sale como estaba previsto. En este caso, la empresa compradora tendrá que acabar reconociendo que el valor que esperaba crear combinando sus operaciones con las de la empresa adquirida nunca se hará realidad.

Otro de los métodos que los directivos manipuladores tienen a su disposición para explotar al máximo una adquisición consiste en decidir subjetivamente que una parte de los créditos pendientes de cobro de la empresa absorbida nunca se van a recuperar. Cancelarlos en un primer momento, antes de que puedan afectar a los beneficios del comprador, indicaría que la dirección actúa con responsabilidad. Pero el comprador también puede ir un poco más lejos y cancelar gran parte de los créditos impagados, aunque en realidad no fueran tan malos. Más adelante, la empresa puede cobrar por fin esos créditos y registrar una ganancia, con lo que genera de la nada unos bonitos beneficios.

Estos ejemplos no incluyen en ningún caso todos los trucos no ilegales que las empresas han diseñado a lo largo de los años para manipular los beneficios. Durante su época de gloria en las décadas de 1980 y 1990, el legendario Jack Welch, de General Electric (GE), decidió que el BPA tenía que aumentar a un ritmo constante cada trimestre, tanto si llovía como si tronaba. Y esperaba que todas las divisiones de la empresa pusieran su granito de arena.

Un ejecutivo de los servicios financieros de GE explicaba que, si el final del trimestre estaba cerca y los beneficios de la división corrían el peligro de quedarse por debajo del objetivo previsto, todos los directivos corrían desesperados para encontrar una adquisición. Los beneficios de la empresa adquirida podían contabilizarse en ese mismo trimestre, y, de esta forma, la división podía cumplir con su cuota. Parece lógico suponer que la elección de las empresas a adquirir hubiera sido muy diferente si se hubiera basado estrictamente en maximizar el valor económico a largo plazo, en lugar de satisfacer las demandas de Wall Street con una progresión de los beneficios supersuave.

¡Hurra! Hay menos fraudes contables que en el pasado

Hasta ahora, sólo he descrito las técnicas para conseguir un crecimiento constante del BPA de manera artificial, sin infringir las normas contables y sin que el consejo de administración acabe en la trena. Pero, para aquellos inversores que quieren saber lo que de verdad ocurre en las empresas, debo decir que hay buenas noticias en este frente. Me refiero a los que no están interesados en participar en un juego que se reduce a que las empresas superen las predicciones de los analistas sobre un número manipulado que no guarda relación real con el precio de la acción. La buena noticia es que el fraude contable se ha vuelto menos frecuente en Estados Unidos durante los últimos años.

¿Hace falta añadir que no ha sido consecuencia de que los CEO hayan decidido de repente que cobrar grandes bonificaciones derivadas de la rentabilidad de las acciones era menos importante que ofrecer un retrato fiel y transparente del rendimiento de las empresas? Claro que no. En Estados Unidos, la verdadera razón de que la estrategia basada en inventarse las cosas haya perdido partidarios es que la ley Sarbanes-Oxley de 2002 (también llamada ley Sarbox) dificultó enormemente que el CEO pueda echar las culpas del fraude a sus subordinados.

Dicha ley exige que los CEO firmen las declaraciones financieras que las empresas envían a la Comisión de Bolsa y Valores de Estados Unidos (U. S. Securities and Exchange Commission, SEC). Antes, el CEO podía escabullirse con la improbable excusa de que el fraude se debía a las decisiones del director financiero, incluso si el plan de incentivos de este último no estaba vinculado de ninguna forma a la rentabilidad de la acción de la empresa. En este caso, el director financiero no tenía ningún motivo evidente para falsificar los resultados económicos.

Por cierto, la exitosa iniciativa del Congreso para acabar con el fraude en las declaraciones financieras fue una respuesta a varios casos de primer nivel, en especial a la quiebra de Enron. Aquella epidemia de crímenes contables, a su vez, había sido el resultado de un cambio en las prácticas que definían la remuneración de los ejecutivos. En los viejos tiempos, el consejo de administración evaluaba el trabajo del CEO en función del BPA, y no tanto por la rentabilidad de la acción. Aquel sistema permitía que los CEO amañaran el juego con cambios contables que no hacían nada por incrementar el valor para el accionista.

Por ejemplo, vamos a imaginar que un fabricante ha decidido que una parte de la maquinaria que utiliza tiene una vida útil de siete años. Cada año, una séptima parte del precio de compra de las máquinas se deduce de la declaración de beneficios de la empresa, hasta que la dirección considere que ya no tiene ningún valor debido al desgaste o a la obsolescencia. (El término que se utiliza para informar a los accionistas es «amortización lineal».) En las declaraciones financieras enviadas al Servicio de Impuestos Internos, que son distintas e independientes de las que reciben inversores y accionistas, la empresa decide desgravarse más de una séptima parte por ejercicio en los primeros años, con el fin de obtener mayores deducciones fiscales.

El CEO reunirá a los ingenieros y contables y les preguntará si ocho años no sería una estimación más realista sobre la vida útil de la maquinaria. Seguro que pueden encontrar alguna justificación para el cambio. Sobre todo si tenemos en cuenta que el CEO tiene la última palabra sobre la remuneración y las promociones de los ingenieros y contables. Esa nueva metodología contable producirá cada año una cantidad menor en concepto de depreciación, lo que significa que los beneficios subirán. Y, por una afortunada casualidad, también suben los incentivos del CEO basados en la rentabilidad.

Pero, entonces, los estudios de investigación demuestran que el mercado no se ha dejado engañar por esta farsa. El subsiguiente aumento del BPA no se ve reflejado en un incremento del flujo de caja libre, la métrica que, según la investigación de Joel Stern, sería la verdadera fuerza motriz de las valoraciones. Como resultado, la reorganización de los números instigada por el CEO no ha hecho subir el precio de la acción. Sólo ha hinchado los incentivos del CEO, que dependían de una serie de métricas defectuosas y muy manipulables sobre el rendimiento financiero de la empresa.

En un gesto que merece cierto reconocimiento, muchos consejos de administración empezaron a admitir los defectos del enfoque que habían adoptado. Vieron que los CEO se estaban aprovechando de los planes de incentivos basados en el BPA. En vez de incrementar la riqueza de los accionistas con medidas que mejoraban el precio de la acción, los CEO estaban quedándose con su dinero a través de unos programas de incentivos muy exagerados.

En nombre de «alinear los intereses de los accionistas y la dirección», las empresas adoptaron nuevos planes de incentivos orientados a la rentabilidad del precio de la acción. En el futuro, los bonus se pagarían en opciones sobre acciones, que sólo aumentarían de valor si el precio de los títulos subía, lo que también haría más ricos a los propietarios de la empresa. El CEO ya no podría beneficiarse de estratagemas contables que no aportaban nada al flujo de caja libre.

Alguien podría pensar, después de que los consejos de administración abrieran los ojos ante los incrementos artificiales del BPA que no repercutían en el precio de las acciones, que los analistas de valores también revisarían sus propios métodos. De hecho, algunas agencias de investigación incorporaron análisis más sofisticados a sus informes. Pero una notable excepción ocupa un lugar destacado en mi memoria.

Aquel incidente fue consecuencia de que la Junta de Normas Contables y Financieras (Financial Accounting Standards Board, FASB) de Estados Unidos anunciara un cambio en sus reglas, que debía entrar en vigor al año siguiente. A diferencia de las manipulaciones de las prácticas contables que los CEO habían introducido a título personal en sus respectivas empresas, el nuevo estándar se aplicaría a todas las compañías. Pero, en este caso, tampoco tuvo ningún efecto en los flujos de caja de las empresas, y sólo alteró la rapidez con la que ciertos gastos se reflejaban en las declaraciones financieras.

Como mucha gente sabía que yo tenía un interés particular en la materia, me pidieron que participara en el debate público sobre el nuevo estándar contable. Un analista de valores me expresó su entusiasmo por la nueva norma. «Los beneficios de todas mis empresas aumentarán un 10 % —dijo exultante—. Estoy subiendo las valoraciones por todas partes.»

He apuntado que el impacto del cambio normativo de la FASB fue meramente cosmético, ya que dejaba intactos los flujos de caja de las empresas. Era evidente que aquel analista no tenía ni idea de lo que yo decía. Como yo había trabajado antes en el mismo sector que ahora cubría, puedo afirmar que el analista conocía las operaciones de las empresas del derecho y del revés. Pero sus nociones de contabilidad sólo daban para calcular el BPA. Sus conocimientos sobre la valoración de activos empezaban y terminaban con PER × BPA = precio objetivo (PO).

En cambio, los CEO entendieron enseguida las consecuencias para sus honorarios del nuevo énfasis de los consejos de administración en el rendimiento del precio de la acción, en lugar de las flexibles cifras del BPA. La respuesta de los menos escrupulosos fue recurrir al fraude descarado. En vez de jugar con los calendarios de depreciación, manipulaban el BPA de una manera que el mercado no podía detectar; es decir, se dedicaban a crear beneficios completamente ficticios. Esta práctica tuvo el efecto deseado, ya que incrementaba el precio de las acciones de las empresas, al menos hasta que el tinglado se venía abajo y se presentaban cargos penales. Hubo tantos escándalos que, durante un tiempo, los precios de la mayoría de las acciones estaban por los suelos, mientras los inversores se preguntaban si las declaraciones de beneficios de las empresas eran fiables.

La llamada ley Sarbox de 2002 redujo muchísimo el fraude contable en las empresas de Estados Unidos. Pero, incluso en la actualidad, los inversores no están libres de riesgos ante unos múltiplos del PER que después se aplican a unas cifras del BPA que, en gran medida, sólo son pura ficción. Los CEO más astutos han encontrado una forma de esquivar la posibilidad de pasar diez años en la cárcel (veinte si se demuestra que la negligencia fue deliberada) con un truco conocido como «subcertificación». Los CEO piden a los empleados de un rango inferior que certifiquen la exactitud de las declaraciones financieras. Acto seguido, los CEO sólo certifican que, si esas declaraciones son exactas, los números declarados deben ser correctos. Como resultado, no ha habido muchos CEO acusados o condenados por falsificar los beneficios según la ley Sarbox.

La simple reducción —sin llegar a la total eliminación— de los increíbles fraudes contables que tenían lugar en Estados Unidos ha rebajado de forma significativa el número de objetivos que resultan atractivos para los vendedores en corto, especializados en investigar a fondo las prácticas contables de las empresas. Por suerte para ellos, otros países les siguen proporcionando un abundante surtido de lucrativas oportunidades. Y no es que las cifras del BPA publicadas por las empresas estadounidenses siempre hayan demostrado ser correctas.

Imaginemos ahora que una empresa publica un BPA trimestral que supera con creces el pronóstico de consenso de los analistas. Te apresuras a introducir una orden de compra para ese valor, con la esperanza de que el mercado empiece a asignarle un precio basado en una previsión de beneficios superior a la anterior. A la hora de la verdad, la acción empieza a subir y te devuelve un bonito beneficio. Pero, unos meses después, la empresa dice (cito con libertad): «¡Vaya! Esas cifras que publicamos del BPA eran demasiado altas debido a un error de nuestro departamento contable. Lo sentimos mucho». El precio de la acción se hunde tras la noticia, lo que borra del mapa tus beneficios anteriores.

Igual empiezas a sospechar que aquel primer informe incorrecto no fue en realidad el resultado de ningún error. Un estudio de Joshua Livnat y Christine E. L. Tan, de la Escuela de Negocios Stern de la Universidad de Nueva York, examinó miles de revisiones de declaraciones financieras.[14] Los autores afirmaron, en un lenguaje muy diplomático, que habían encontrado pruebas de que «los ingresos publicados en un primer momento pueden haber sido gestionados en un sentido estratégico». La Investopedia define la *gestión de ingresos* como «el uso de prácticas contables para producir declaraciones financieras que presentan una visión excesivamente positiva de las actividades comerciales y la posición financiera de una empresa».

Livnat y Tan detallaron que sólo el 3,4 % de las 220.000 declaraciones trimestrales incluidas en su base de datos incluían correcciones posteriores. Pero este dato

14. Livnat, Joshua; y Tan, Christine E. L., «Restatements of quarterly earnings: evidence on earnings quality and market reactions to the originally reported earnings», Escuela de Negocios Stern de la Universidad de Nueva York, 2004, <https://pages.stern.nyu.edu/~jlivnat/Restatements.pdf>.

no tiene por qué convertirse en un motivo para confiar ciegamente en la fiabilidad de las cifras del BPA que publican las empresas de Estados Unidos. A mediados de 2021, *The Wall Street Journal* informaba de que más de 540 empresas habían corregido sus declaraciones durante los 3 meses anteriores, una cantidad superior a la registrada en un año natural desde 2013.

Este repunte fue el resultado de un dictamen de la SEC, en el que advertía de que muchas empresas de adquisición con fines especiales (*special-purpose acquisition companies*, SPAC) estaban contabilizando incorrectamente los *warrants* que habían emitido para recaudar capital. Según los analistas, la noticia pilló al mercado desprevenido. Además, algunas SPAC, así como las mismas empresas que habían adquirido, revelaron problemas contables mucho más serios en las correcciones de sus declaraciones. Por ejemplo, Lordstown Motors Corp. dijo que tenía «dudas sustanciales» acerca de su capacidad para terminar el año como una empresa en activo. Como resultado, los dos ejecutivos más importantes de la empresa dimitieron por haber contabilizado erróneamente los pedidos anticipados de sus furgonetas eléctricas.

Al margen del caso concreto de las SPAC, hay que tener muy presente que, algunas veces, la revisión de las declaraciones trascendía la mera «corrección de un error» cometido en un trimestre reciente. En algunos casos, la empresa se ha visto obligada a cambiar los beneficios registrados en todos los trimestres de los últimos años. En el proceso, el precio de la acción puede acabar bajo tierra.

Beneficios versus creación de valor

Muchos expertos en inversión están tan implicados en la falacia de que una empresa está creando riqueza cuando toma prestados dos céntimos por acción del próximo trimestre para superar los pronósticos de los analistas que llegan a negar incluso la existencia de miles de millones de dólares de verdadera creación de riqueza en algunos de los sectores de crecimiento más dinámicos del mundo. Se burlan de las empresas que nunca han publicado un solo trimestre de beneficios según los principios contables generalmente aceptados (PCGA, o GAAP, por sus siglas en inglés) pero que, sin embargo, son recompensadas con capitalizaciones bursátiles de miles de millones de dólares por unos inversores que deben de estar muy equivocados («capitalización bursátil» = precio de la acción × número total de acciones en circulación). Estas empresas cotizan a múltiplos de las ventas, y no a múltiplos del PER, como hacen las normales. «¡La locura de los tulipanes holandeses ha vuelto!»,[15] dicen los escépticos.

¿Hay ejemplos de empresas que empezaron a cotizar en Bolsa sin un resultado neto positivo y que obtuvieron unas valoraciones de mercado astronómicas, sólo para estrellarse y desaparecer años después? Desde luego. ¿Algunas de ellas, a pesar de tener modelos de negocio un poco absurdos, supieron aprovechar la moda inversora predo-

15. En alusión al fenómeno especulativo histórico llamado «fiebre de los tulipanes» que se dio en los Países Bajos en el siglo XVII, que el autor comenta al final de este apartado. *(N. del e.)*

minante en el momento? Claro que sí. Los lectores avispados seguro que llegan a la conclusión de que ciertas empresas que han acabado fracasando encajan muy bien en esta descripción. Y todo a pesar de la fe ciega en la eficiencia del mercado que demuestran sus partidarios más acérrimos. (Esta idea sostiene que es imposible superar el rendimiento de la media de todos los valores —ajustado al riesgo— porque el mercado siempre asigna el precio correcto a las acciones.) Pero ¿todas las empresas que han logrado una capitalización gigantesca sin haber generado beneficios según los PCGA eran una burbuja que acabó estallando, mientras sus crédulos inversores se ahogaban en sus propias lágrimas? Por supuesto que no.

Amazon (AMZN) puede considerarse el ejemplo perfecto de lo que sería un valor real que no guarda relación con el BPA. Después de empezar a cotizar en Bolsa en 1997, el gigante de las ventas por internet publicó pérdidas constantes durante los primeros años. No anunció beneficios según los PCGA hasta el año 2003. Pero, antes de que llegara ese «año del cambio», Amazon había logrado una capitalización bursátil de 7.300 millones de dólares. El gráfico 1.1. ilustra muy bien la cantidad de tiempo transcurrida hasta que los PCGA reflejaron que Amazon estaba generando un beneficio económico sustancial.

¿Y cuál fue el castigo que recibieron aquellos ingenuos inversores, que habían comprado acciones de Amazon por un supuesto ataque de locura? A finales de 2021, la capitalización bursátil de la empresa había crecido más de un 20.000 %, hasta llegar a 1,7 billones de dólares. Desde finales de 2002 hasta finales de 2021, los accionistas de

Amazon obtuvieron una rentabilidad total del 31,27 %, frente al 11,49 % del S&P 500. Si ése es el aspecto que tiene un tonto que va a perder su dinero en poco tiempo, ¡ponme otra ración de lo mismo!

Gráfico 1.1. Ingresos de Amazon y valoración trimestral, desde la capitalización bursátil de la oferta pública de venta (OPV) hasta 1999

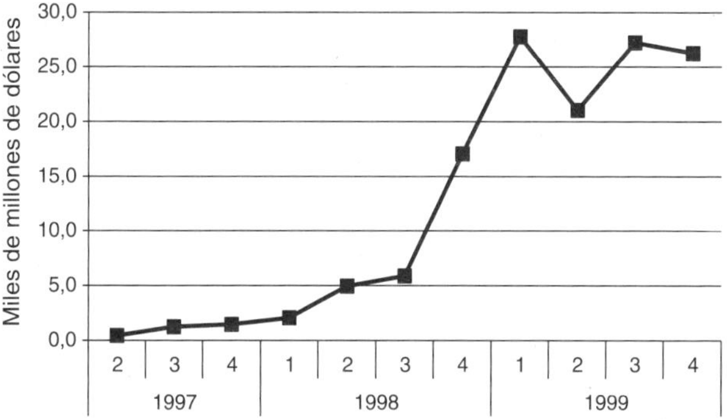

Fuente: Bloomberg L. P.

Los críticos de Amazon en el pasado, y otros perfiles similares en el presente, no acaban de comprender una cuestión muy importante: los PCGA son un sistema de contabilidad que está muy bien diseñado... para las empresas que se dedicaban a las manufacturas en el siglo XIX. Durante gran parte del siglo XX, los PCGA fueron una herramienta que funcionó bastante bien para los inversores y en la mayoría de los sectores. Pero los PCGA no se han adaptado bien a la transformación de la estructura industrial de Estados Unidos que se puso en marcha en la década de 1990. El problema nace de su incapacidad para reconocer lo que significa en realidad un «activo» en este momento de la historia.

Gráfico 1.2. Beneficio neto de Amazon (según los PCGA), desde la OPV hasta 1999

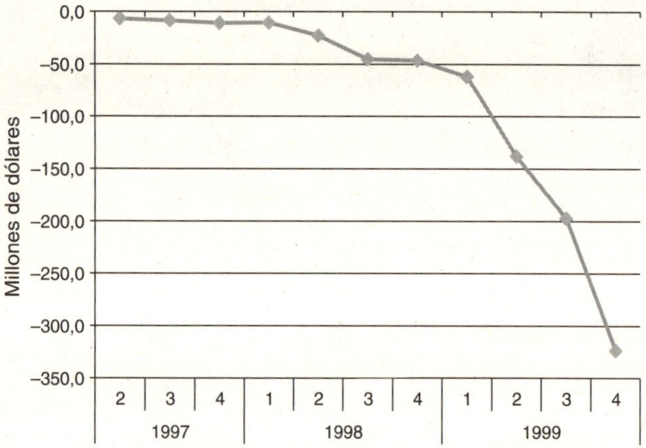

Fuente: Bloomberg L. P.

En una definición correcta y comprensible, Oracle Netsuite define un activo así: «Cualquier cosa que tiene un valor económico en el presente o en el futuro para una empresa». Y esto es lo que significa en un sentido práctico... Imaginemos que una fábrica textil de 1850 compra un telar por 100 dólares. Esos 100 dólares no se contabilizan como un gasto. Al contrario, se registran en la columna de los activos en el balance de la empresa. Por otro lado, si una fábrica textil paga 100 dólares en nóminas durante un determinado período, esa cantidad se registra como un gasto, por lo que los ingresos netos se reducen en 100 dólares.

Según los PCGA, los salarios pagados durante el último mes no aportan en el presente ningún valor económico a la empresa. La fábrica ha vendido el tejido que los trabajadores han producido, lo que aporta un valor económico a los clientes en el presente, pero no a la empresa en sí. La empresa tendrá que pagar de nuevo a los trabajadores este mes para que produzcan más tejido. Sin embargo, el telar todavía está operativo y aporta un valor, incluso después de cerrar el período en que la empresa tuvo que realizar un desembolso para adquirirlo.

Ahora pensemos en una empresa dedicada a las tecnologías de la información, que gasta 10 millones de dólares en 2023 para diseñar un paquete de software destinado a las pequeñas empresas. El proyecto tiene éxito, la empresa registra la propiedad intelectual del software y a los clientes les encanta. En el primer año, las ventas del nuevo producto acumulan 4 millones de dólares, lo que supera las expectativas más optimistas de la dirección. Recordemos que la empresa no ha vendido la propiedad del paquete de software, sólo licencias para su uso. El dinero entra en la empresa y los propietarios celebran el resultado, pero la imagen que refleja la declaración de beneficios es mucho menos optimista.

Según las normas de los PCGA, los 10 millones de dólares invertidos en la investigación se han contabilizado como un gasto; a pesar de que ese gasto ha producido algo que, sin lugar a dudas, aporta un valor a la empresa en el presente y el futuro: la propiedad sobre un paquete de software que generará ingresos durante los próximos años. Pero, según los PCGA, la empresa ha perdido 6 millones de dólares en 2023 por el diseño del software, antes incluso de tener en cuenta los costes de la distribución y los gastos generales de la empresa.

En lo que aún parece más incomprensible, si el producto genera unas ventas de 6 millones de dólares en 2024, la empresa publicará unos beneficios sustanciales asociados al paquete de software. Por supuesto, ese beneficio podría desaparecer de un plumazo por los 12 millones destinados a la investigación y desarrollo (I+D) de su próximo producto, que saldrá al mercado en 2025. Aun así, la empresa continúa generando dinero en efectivo y todo parece indicar que va a seguir creando productos muy rentables en un futuro próximo. Si los fundadores deciden vender la empresa, la respuesta que recibirán nunca será nada parecido a esto: «Vuestros beneficios según los PCGA son negativos. Sois vosotros quienes tenéis que pagarme a mí para liberaros de este caballo perdedor».

Esa imagen distorsionada que producen los beneficios contabilizados según los PCGA no era un problema desconocido en 1995. La primera vez que oí hablar del tema fue en la escuela de negocios, a mediados de la década de 1970, mucho antes de que las compañías puntocom y otras empresas tecnológicas de activos ligeros entraran en escena. Tanto ahora como entonces, los fabricantes farmacéuticos estaban creando un valor perdurable con las patentes de los medicamentos. Las grandes cantidades de dinero invertidas en I+D para crear nuevos fármacos se contabilizaban como gastos, en lugar de aparecer en la columna de activos de los balances. La pequeña cantidad que aparecía en el activo, en comparación con el pasivo, implicaba que los fabricantes farmacéuticos tenían menos patrimonio neto que otras empresas industriales con ingresos comparables.

Como el patrimonio neto que aparecía en sus balances —según las normas de los PCGA— era muy modesto, los productores farmacéuticos exhibían una ratio muy elevada entre los ingresos netos y el patrimonio neto, lo que se conoce como «rentabilidad sobre el patrimonio» o «rentabilidad financiera» (*return on equity*, ROE). Debido a esta peculiaridad matemática, el ROE de las empresas farmacéuticas destacaba de forma muy evidente entre el resto de las compañías industriales. Los más críticos con el sector citaban esas cifras como una prueba de que las empresas farmacéuticas cosechaban unos beneficios astronómicos imponiendo unos precios excesivos sobre unos productos que muchas personas necesitaban con extrema urgencia. Si los PCGA hubieran permitido contabilizar como activos los fármacos patentados, puesto que reportaban un beneficio a las empresas, los políticos y la población habrían visto una imagen muy diferente y mucho más realista. Pero, como puedes imaginar, explicar este esotérico problema contable no era una tarea nada fácil para los departamentos de relaciones públicas e institucionales del sector farmacéutico.

El sector veía como un problema que los PCGA acabaran con unas fuentes de valor que se comportaban como activos reales en todos los sentidos, menos en el nombre. En cambio, eso no suponía ningún problema para la mayoría de las empresas de otros sectores. Sin embargo, poco antes de la llegada del nuevo milenio, el problema empezó a estar mucho más extendido. El S&P 500 todavía incluía muchas empresas que dependían del capital físico para fundir metal o vender productos en los estantes de las tiendas. Pero, en los años siguientes, las filas de las corporaciones estadounidenses empezaron a poblarse de unas empresas distintas, que dependían del capital intelectual para producir formas de entretenimiento digital o reclutar nuevos usuarios para las redes sociales.

La propuesta de considerar la propiedad intelectual de las empresas de la llamada «nueva economía» como un activo real solía toparse con este tipo de respuesta: «No es algo que se pueda tocar y sentir, como una refinería de petróleo o una flota de camiones». Pero, lejos del mundo de los PCGA, sí es posible asignar un valor a los activos no físicos. Por ejemplo, los suscriptores de los canales de televisión por cable o satélite pagan una cuota mensual y, por regla general, no se dan de baja hasta que pasan una cantidad determinada de años. Los ingresos futuros son predecibles y pueden transformarse en un activo con un valor concreto aplicando una metodología financiera ampliamente reconocida.

De hecho, hoy es bastante habitual que las empresas acompañen las cifras de los PCGA, que tienen la obligación de presentar, con otros datos adicionales. El objetivo de estas nuevas métricas es ayudar a los inversores a comprender mejor las empresas que no encajan en el análisis tradicional de valores. Esos indicadores alternativos incluyen versiones adaptadas del BPA. En muchos casos, los analistas hacen un especial énfasis en el BPA ajustado, en lugar de fijarse en la versión de los PCGA.

Por desgracia, las empresas también pueden elaborar sus propias versiones de esas métricas adaptadas. Pero, sin un sistema estandarizado, que es una de las grandes ventajas de los PCGA, comparar empresas se convierte en una tarea muy difícil. Y comparar los resultados financieros y las valoraciones constituye un componente esencial del análisis de valores. Pero si las empresas que tienen un interés manifiesto en ofrecer su mejor versión al presentar las declaraciones financieras empiezan a trastear con una métrica que tiene defectos tan profundos como el BPA de los PCGA, ¿alguien de verdad espera que acaben produciendo algo mejor?

Sin embargo, no todo es tan negativo. Recordemos las historias de Joel Stern, que en 1974 documentó la desconexión entre el BPA y las valoraciones, y de Amazon, el mejor ejemplo de creación de valor sin beneficiarse del BPA. Stern se dedicó al sector de la consultoría empresarial, en colaboración con otro de los grandes innovadores del análisis financiero. Bennett Stewart creó una métrica mejorada para calcular los beneficios llamada «valor económico añadido» (*economic value added*, EVA).

Una de las características del enfoque alternativo de Stewart fue incluir el I+D y los gastos publicitarios en el balance de la empresa, en vez de considerarlos un gasto que reduce los beneficios. Amazon (AMZN) salía mucho mejor parada después de utilizar el EVA que al aplicar el análisis de valores convencional. La razón era que sus márgenes de beneficios, relativamente reducidos, se compensaban con la alta tasa de rotación del inventario. En su libro *Best-practice EVA*, de 2013, Stewart explicaba lo que había ocurrido con Amazon en el período posterior a la primera publicación de beneficios anuales positivos, según los PCGA.[16]

En un período de cinco años, el BPA de Amazon pasó de un máximo de 2,50 dólares por acción a marcar −0,33 dólares, en negativo. En todo ese tiempo, los márgenes de la plataforma se hundieron, y el flujo de caja negativo derivado de las operaciones obligó a la empresa a conseguir varias toneladas de capital nuevo. Amazon fue incapaz de cumplir con las previsiones de consenso sobre el BPA durante once trimestres consecutivos. El precio de la acción se comportó como era previsible, teniendo en cuenta las circunstancias. Bueno, la verdad es que no lo hizo. El precio de la acción se multiplicó por más de cuatro, lo que convirtió a Amazon en una de las empresas de alta capitalización con mejor rentabilidad de la Bolsa estadounidense.

Stewart explicaba que los expertos ofrecieron una explicación absolutamente errónea del comportamiento del precio, que desafiaba todo lo que habían dicho antes sobre el funcionamiento de la Bolsa. No es que AMZN fuera una «acción con historia» impulsada por un CEO visionario, Jeff Bezos, que vivía al margen de las fuerzas que gobernaban las valoraciones del resto de las empresas. Al contrario, decía Stewart, los inversores que importan de ver-

16. Stewart, Bennett, *Best-practice EVA: the definitive guide to measuring and maximizing shareholder value*, John Wiley & Sons, Estados Unidos, 2013.

dad no se dejaron engañar por los beneficios según los PCGA de Amazon, sino que se centraron en su verdadera rentabilidad económica.

Incluso en los momentos en que el BPA de la empresa caía en picado, los beneficios EVA llegaron prácticamente a triplicarse en los cinco años siguientes, hasta mediados de 2013. Durante este período, el precio de AMZN sólo subía y subía, en vez de bajar y bajar, como en teoría dictaban las doctrinas defendidas por los analistas de valores y sus aliados de los medios de comunicación. Se me hace difícil pensar en una demostración más contundente de que Joel Stern estaba en lo cierto en 1974, cuando escribió que los beneficios por acción eran irrelevantes para las valoraciones.

A propósito, los críticos de Amazon antes de que llegaran los días del BPA positivo, y que decían ser «más listos que tú», también estaban equivocados cuando mencionaban el episodio histórico que suele asociarse con las sobrevaloraciones irracionales. «La fiebre de los tulipanes» hace referencia a un período de especulación que tuvo lugar durante el siglo XVII en los Países Bajos. El relato habitual, que no se ajusta a la realidad, sostiene que los precios de los tulipanes subieron hasta alcanzar niveles absurdos. De hecho, la subida de los precios sólo afectó a ciertas variedades raras de bulbos de tulipanes. Esos bulbos, de hecho, tenían un gran valor por su capacidad para reproducirse, igual que los toros sementales cuestan mucho dinero por su capacidad para engendrar toros de lidia.

Hace tiempo, el economista Peter Garber descubrió que los precios de los bulbos que podían producir flores de una belleza excepcional nunca superaron los límites racionales. El comercio de aquellas variedades estaba en manos de profesionales, que operaban en un mercado bien organizado. Los excesos sólo aparecieron en los mercados informales que se montaban en las tabernas, donde los aficionados podían especular con bulbos ordinarios sin tener que respaldar sus operaciones con grandes sumas de dinero.[17]

Otros investigadores más recientes han cuestionado las conclusiones de Garber. Pero lo que parece claro es que la historia de la fiebre de los tulipanes no es tan evidente como sostienen los detractores de las acciones que se alejan del rebaño. Así pues, la próxima vez que oigas a un autodenominado defensor de la honestidad del mercado que menciona la fiebre de los tulipanes para criticar la elevada valoración de una acción con un BPA igual a cero, como si ese dato demostrara que los inversores han perdido la cabeza, recuerda que ese experto tan aplaudido ni siquiera sabe lo que ocurrió en realidad durante aquel suceso.

La conclusión sobre la supuesta conclusión

Permíteme resumir el presente análisis sobre el indicador favorito de los analistas de valores. Por lógica, el BPA no puede ser el criterio básico que explica la asignación de precios en el mercado. Y ese hecho no cambia sólo porque sea

17. Garber, Peter M., «Tulipmania», *Journal of Political Economy*, 97, 3 (junio de 1989), pp. 535-560.

posible, desde un punto de vista matemático, dividir el precio de la acción por el BPA para calcular un múltiplo del PER, que después se compara a su vez con los múltiplos del PER de otras empresas. (Y mejor no decir nada sobre el enigma que representa calcular el PER de una empresa que ese año tiene un BPA negativo.)

Incluso si el BPA fuera la verdadera fuente del valor de una acción, en lugar del flujo de caja libre, utilizarlo para calcular el teórico precio objetivo llevaría a errores por los trucos contables que han convertido la métrica en un indicador engañoso, cuando no fraudulento. Y, si las cifras publicadas no son fraudulentas, siempre pueden estar distorsionadas por los «errores contables». Además, los errores en los datos del BPA pueden estar causados por prácticas contables que no funcionan demasiado bien con un gran número de las empresas actuales.

Las investigaciones de Wall Street ignoran todos estos problemas y, haciendo gala de una despreocupación absoluta, todavía sitúan el BPA en el centro del escenario. De vez en cuando, alguien habla de la calidad de los beneficios como un factor a considerar para asignar el múltiplo PER. Y algunas empresas de análisis llegan a incluir en sus informes teorías financieras mucho más sofisticadas. Pero la competencia entre los analistas por ser los mejores de la profesión se reduce en gran medida a publicar el pronóstico más exacto sobre una cifra que, con frecuencia, sólo es una obra de ficción.

Recuerdo una ocasión en que un analista, que trabajaba para una de las firmas más importantes de Wall Street, recibió la noticia de que su pronóstico trimestral sobre el

BPA de una de las empresas que seguía había coincidido con la cifra real, incluso en los céntimos. Levantaba los brazos en señal de victoria y resplandecía como un niño con un juguete nuevo. Era un veterano y reputado experto en su sector, alguien que, en apariencia, ya no tenía que demostrar nada a nadie. Pero imagino que la satisfacción de clavar un número concebido de forma artificial, que desde hace mucho tiempo ha demostrado ser irrelevante para la valoración de activos, nunca pasa de moda.

El juego de la previsión

El diseño de una métrica más precisa para valorar la rentabilidad, a partir del trabajo de Bennett Stewart, no fue un simple ejercicio académico. Gracias a su trabajo como consultor, pudo convencer a muchas empresas para que adoptaran el EVA como herramienta de gestión. Entre los ejecutivos que utilizan esta herramienta, el objetivo es maximizar la riqueza de los accionistas. Sin duda, representa una mejora en comparación con la actitud de otros directivos, que sólo maximizan su propia riqueza a expensas de los accionistas.

En un mundo perfecto, las empresas dejarían de obsesionarse tanto con el BPA y adoptarían una métrica mejorada, que realmente sirviera para incrementar la riqueza de los accionistas, ya fuera el EVA o cualquier otro indicador bien diseñado. Como resultado, los analistas de valores también se verían obligados a redirigir sus esfuerzos. Los inversores, por su parte, empezarían a recibir informes de investigación que servirían para complementar la valiosa información de los analistas sobre las operaciones de las empresas, y que incluirían consejos útiles para la valoración.

Algo así sería, sin duda, un mundo perfecto. Pero aquí, en la Tierra, la inercia controla casi todo lo que ocurre en el mundo de los negocios. Durante años, se ha levantado una inmensa infraestructura basada en la idea de predecir el BPA, traducir los pronósticos a un precio objetivo, debatir ese precio objetivo en los medios, y después asignar puntuaciones a los analistas y las firmas para las que trabajan en función de la precisión de sus predicciones. Convencer a los participantes de este juego para que utilicen una métrica diferente y más compleja no equivaldría a mover una montaña, sino más bien a trasladar una cordillera entera.

La renuncia a amoldarse al sistema establecido puede penalizar mucho a una empresa, sobre todo en el número de analistas que seguirán su evolución. Disfrutar de un amplio seguimiento de los analistas se considera imprescindible para poder obtener una buena valoración de la acción, y no sin razón.

Omaima A. G. Hassan y Frank S. Skinner afirmaban en un artículo publicado en 2016 que «está bien documentado que la cobertura de los analistas afecta al valor de una empresa».[18] Según las investigaciones precedentes que men-

18. Hassan, Omaima A. G.; y Skinner, Frank S., «Analyst coverage: does the listing location really matter?», *International Review of Financial Analysis* (julio de 2016), pp. 227-236, <http://bura.brunel.ac.uk/handle/2438/12661>.

cionaban en el artículo, tener una amplia cobertura reduce los costes que deben sufragar los inversores para seguir las actividades de una empresa. Por lo tanto, poseer acciones de empresas que disfrutan de una amplia cobertura es más rentable que tener valores que sólo controlan unos pocos analistas.

Otro estudio llegó a la conclusión de que la cobertura de los analistas era más importante para incrementar el precio de un valor que el aumento de la demanda por sus acciones. Y era así incluso cuando los analistas sólo se dedicaban a reciclar datos ya existentes, en lugar de intentar buscar información nueva. De todos modos, la SEC exige a las empresas que publiquen el BPA, así que ¿por qué no seguirle la corriente al sistema, incluso si los beneficios por acción no tienen nada que ver con la gestión de los directivos de la empresa?

Para seguirle la corriente al sistema, una de las medidas más importantes es proporcionar a los analistas una previsión de los beneficios. La dirección debe explicar a los inversores las cifras del BPA que tiene previsto publicar en el trimestre actual, así como en los siguientes. Las previsiones se formulan en un lenguaje que permite a las empresas esquivar cualquier responsabilidad legal si las cifras reales son diferentes al final.

Una visión más constructiva sobre las previsiones de beneficios defiende que sirven para que los inversores asignen un precio correcto a las acciones. Al fin y al cabo, se supone que el precio de la acción debe reflejar el rendimiento futuro de una empresa y no los beneficios de trimestres pasados, que ya se han publicado en las declaraciones financieras. ¿Quién está en mejor posición que los propios directivos de la empresa para saber cómo pintan las cosas en los próximos meses?

Si los inversores sólo se basaran en las previsiones de las empresas, los pronósticos del BPA que confeccionan los analistas serían irrelevantes. Por suerte para los analistas, los inversores siguen teniendo interés en sus revisiones. Por un lado, las autopredicciones que publican las empresas con unos beneficios vinculados a los ciclos económicos dependerán de sus propias previsiones internas sobre la situación general. Los analistas pueden comprender mejor los indicadores económicos más importantes si cuentan con la asistencia de los departamentos financieros de las empresas que siguen.

Por su parte, los directivos de las empresas dedican mucho tiempo a despertar el entusiasmo entre las tropas: «¡Venga! Vamos a cumplir esa previsión de ventas. ¡Sí!». En consecuencia, quizá les parezca un poco difícil cambiar de chaqueta de repente y declarar en público: «Aquí tenéis una visión imparcial y objetiva de lo que esperamos conseguir desde un punto de vista realista». Así, las previsiones de la dirección pueden tener un marcado sesgo optimista.

Los analistas que también cubren las empresas de la competencia reconocen la posibilidad de que las predicciones de beneficios acaben sumando una cantidad total superior a la que obtiene en conjunto todo el sector. Pero es matemáticamente imposible que todas las empresas ganen cuota de mercado en un mismo período. Por tanto, los inversores no están tan equivocados cuando imaginan que los analistas sirven para frenar las expectativas excesivas que contienen las previsiones de beneficios.

No obstante, dar por sentado que las empresas siempre publican predicciones demasiado optimistas no explica del todo el funcionamiento de las reglas del juego. El motivo es que las empresas que exageran demasiado la previsión del BPA sufren después una serie de consecuencias negativas. Déjame que te lo explique.

Desde el punto de vista de los inversores, el objetivo del juego es determinar si una empresa exagera, cumple o supera las expectativas. Y se supone que debe quedar claro después de la publicación del BPA real. Según las reglas del juego de la previsión, una victoria [*beat*] —mejorar las previsiones de consenso de los analistas, aunque sólo sea por un céntimo— significa que la empresa está superando las expectativas. Cuando eso ocurre, la teoría dice que la acción sube. Un fallo [*miss*], por otro lado, indica que las expectativas creadas eran demasiado optimistas. La acción debe seguir el guion y bajar de precio.

Como ya he comentado, una empresa puede utilizar distintas estratagemas para inflar o rebajar el BPA publicado en un trimestre concreto, así como para mantener una suave y constante tendencia al alza. Ahora imaginemos que, durante un trimestre, los analistas describen con bastante precisión todo lo que ocurre en la empresa. Saben bien lo que pasa en la línea del frente gracias a la información que reúnen entre los proveedores, clientes y competidores de la empresa.

Las previsiones de beneficios de los analistas reflejan toda esa información. Pero lo que los analistas no saben es que la dirección está preocupada por publicar un BPA demasiado elevado, y que después sea imposible superar las cifras en el mismo trimestre del año que viene. Así, la dirección se plantea recortar la cifra trimestral con varias correcciones contables introducidas con mucha habilidad.

Cuando una empresa publica una cifra artificial del BPA, muchos analistas basan sus predicciones en la realidad subyacente que describe ese número ficticio. En consecuencia, la reputación de los analistas, que más adelante van a llevarse una buena sorpresa por esas prácticas fraudulentas, quedará muy tocada. Cuando los analistas vean que la empresa no cumple con las reglas del juego, quizá decidan dejar de seguirla en beneficio de otras que no los dejen en ridículo. Estamos ante un escenario muy negativo para los directivos, los mismos que difundieron unas previsiones en el último minuto que reflejaban un supuesto crecimiento constante, ya que disponer de una amplia cobertura se asocia con una mejor rentabilidad de la acción.

Una estrategia más acertada sería recomendar a los analistas una cifra más cercana al valor predeterminado del BPA. Eso sí, sin llegar a copiar hasta los céntimos. El resultado ideal sería que el pronóstico de consenso de los analistas estuviera como mínimo 0,01 dólares por debajo de la cifra que al final se publica. Como explicaba *Barron's* en 2021: «La mayoría de las empresas tiende a fijar unas expectativas bastante conservadoras, para que después puedan superar ese listón tan bajo».[19]

19. «Halfway through earnings season, 80 % of S&P 500 companies are beating estimates», online, *Barron's*, 5 de febrero de 2021,

De este modo, si todo sale como está planeado, la acción subirá después de superar el BPA. Según las reglas del juego, nadie criticará a los analistas por quedarse uno o dos céntimos por debajo. Los analistas ganan credibilidad por pronosticar los beneficios con un alto nivel de precisión. E incluso si el arreón del precio sólo dura una jornada, la acción se gana la reputación de ser esa clase de valor que quieres tener en cartera. El mensaje es: «El excepcional equipo directivo de la empresa supera constantemente las expectativas».

Como decía un viejo chiste de Wall Street, este pequeño sistema tan encantador funciona bien para las empresas, funciona bien para los analistas... y, bueno, dos de tres tampoco está tan mal. Nadie puede decir que los inversores se beneficien de un arreglo que desincentiva el pensamiento crítico e independiente, y que podría guiarlos hacia una joya oculta en el universo de las acciones. Pero ellos no son quienes dirigen el juego.

Los analistas que trabajan dentro de la estructura establecida comprenden muy bien los riesgos de ignorar las previsiones que publica la propia empresa. Al fin y al cabo, siempre podrían acertar, según del volumen de ventas y los costes reales de la empresa, pero también cometer un error, en función de la cifra del BPA fabricada por la dirección para evitar la maldita volatilidad de los beneficios. Desde un punto de vista profesional, la cuestión funda-

---

<https://www.barrons.com/podcasts/numbers-by-barrons/80-of-sp-500-companies-beat-wall-street-earnings-estimates/d8276343-9f01-424e-bb3f-e2847ed5d61a?page=1&>.

mental es evitar alejarse demasiado de esas cifras con un pronóstico disparatado.

La estrategia más segura para los analistas que participan en el juego de las previsiones es ceñirse bastante a la cifra publicada por la dirección. Al fin y al cabo, en cualquier trimestre, la situación económica siempre puede arruinarles la fiesta. Los ingresos y los gastos reales podrían desviarse demasiado de los márgenes que la dirección puede controlar con medidas como la saturación de canales y las decisiones contables «particulares». En este caso, los analistas no saldrán peor parados que sus colegas de otras agencias, siempre y cuando se hayan ceñido bastante al consenso derivado de las predicciones.

Pero ¿qué ocurre si un analista piensa que el precio objetivo que establece el pensamiento de grupo dominante —lo que también se conoce como el «consenso»— es demasiado elevado, hasta llegar a cotas poco realistas? Ningún problema. Sólo hay que recortar el supuesto múltiplo del PER y todo arreglado; el precio objetivo vuelve a un nivel realista.

En un caso extremo, los incentivos que ofrece el «gran juego de la predicción» podrían llevar a los analistas a exhibir una perfecta uniformidad en sus predicciones del BPA. De nuevo, eso es un mal negocio para los inversores. Mientras los analistas sólo se preocupen por no dar una mala imagen en el juego de las previsiones, están privando a los inversores de las ventajas de su criterio independiente.

Por suerte, no es habitual que el juego se desarrolle de esta forma. Es muy fácil comprobar que las estimaciones de los analistas no siempre coinciden con las cifras de las previsiones. Pero un incidente ocurrido en 2020 es la prueba definitiva de que los analistas tienden a no alejarse demasiado de la línea que marcan las empresas.

En aquel momento, la pandemia de la COVID-19 estaba causando una gran incertidumbre alrededor de los resultados económicos. Como respuesta, *The Wall Street Journal* anunció que 180 empresas del S&P 500 dejaban de publicar sus predicciones de beneficios. Sin poder acceder a esas pistas tan útiles, el nivel de dispersión entre las estimaciones de los distintos analistas fue el más elevado, como mínimo, desde el año 2007.

Quizá se hubiera registrado ese mismo nivel de dispersión de todos modos, ya que la economía de Estados Unidos entró en recesión en marzo-abril de 2020. Pero aquella caída fue mucho más suave que la sufrida durante la Gran Recesión de 2008-2009. Por lo tanto, si la divergencia entre las estimaciones hubiera sido consecuencia de una contracción de la economía, la dispersión habría sido muy superior en 2008-2009 que en 2020. Podemos llegar a concluir que, en la medida en que los cálculos de los analistas compongan un grupo cohesionado, las previsiones de beneficios parecen desempeñar un papel importante.

Seamos amables con la dirección

Otra de las razones por la que los analistas confieren autoridad a las predicciones de las empresas es que quieren conservar el acceso a la junta directiva. Entre otras cosas, los clientes pueden disponer de un tiempo cara a cara con los ejecutivos más veteranos de la empresa. El derecho de admisión a la oficina de la esquina acaba saliendo a cuenta.

Un estudio de 2016 realizado por Ling Cen, Jing Chen, Sudipto Dasgupta y Vanitha Ragunathan señalaba que los analistas elegidos por las empresas para hacer las primeras preguntas en las presentaciones de resultados tienen una carrera profesional más próspera.[20] Y que la dirección decida dispensarles esa clase de trato no es algo aleatorio. Según un estudio de 2014 elaborado por Lauren Cohen, Dong Lou y Christopher J. Malloy, el 59 % de los responsables de las relaciones con el inversor afirman que seleccionan deliberadamente el orden en que los analistas pueden hacer sus preguntas.[21]

Una broma que hoy circula por Wall Street se ríe de la frecuencia con que los analistas hacen la pelota a los peces gordos de las empresas con la expresión: «¡Gran trimestre, chicos!». El departamento de análisis de Sentieo anunciaba que, en agosto de 2021, las menciones a esa expresión y otras similares marcaron un récord histórico, con 327 alusiones. La palabra *felicidades* también estaba muy presente, según el análisis realizado por esa plataforma financie-

20. Cen, Ling, *et al.*, «Do analysts and their employers value access to management? Evidence from earnings conference call participation», *Journal of Financial and Quantitative Analysis* (mayo de 2021), pp. 745-787, <https://EconPapers.repec.org/RePEc:cup:jfinqa:v:56:y:2021:i:3:p:745-787_1>.

21. Cohen; Lauren; Dong, Lou; y Malloy, Christopher J., «Casting conference calls», *Management Science Articles in Advance* (24 de abril de 2020), pp. 2-25, <https://pubsonline.informs.org/doi/10.1287/mnsc.2019.3423>.

ra a partir de las transcripciones de las presentaciones de resultados.

En 2017, Jason Zweig, de *The Wall Street Journal*, informaba de una investigación realizada por Jonathan Milian y Antoinette Smith. Habían estudiado 16.000 presentaciones de resultados de 500 empresas.[22, 23] En esas presentaciones, los analistas describieron los resultados trimestrales con adjetivos como «buenos», «excelentes» o «espectaculares» más de 215.000 veces.

Las empresas tenían buenos motivos para fomentar tanta reverencia. Milian y Smith detectaron que, cuanto más generosos fueran los elogios que los analistas dedicaban a la gestión de la dirección, más subía el precio de la acción después de la publicación de los beneficios. La descripción que hacía Zweig de la actitud de los analistas en las presentaciones de resultados incluía expresiones como «cobardes pelotas», «perritos falderos», «llorones» y «aduladores lameculos». El relato de Marc Rubinstein, editor de una newsletter sobre el sector, también mencionaba cosas como «quedar bien con la dirección» y «soportar el desprestigio público a cambio de tener acceso privado».[24]

Estas revelaciones quizá no justifican del todo describir

22. Zweig, Jason. «Great groveling, guys: counting all the ways analysts fawn over management», *The Wall Street Journal*, 3 de marzo de 2017, <https://jasonzweig.com/great-groveling-guys-counting-all-the-ways-analysts-fawn-over-management>.

23. Milian, Jonathan A.; y Smith, Antoinette, «An investigation of management during earnings conference calls», *Journal of Behavioral Finance* (8 de febrero de 2017), pp. 65-77.

24. Rubinstein, Marc, «Great quarter, guys», *Net Interest* [blog], 21 de enero de 2022, <https://www.netinterest.co/p/great-quarter-guys>.

el sistema basado en «superar el consenso» como un juego amañado. Pero pensemos un momento en los siguientes datos, publicados a comienzos de 2022 por Reuters... De las 180 empresas que habían publicado por aquellas fechas los resultados del último trimestre de 2021, «sólo» el 78,8 % habían superado las estimaciones de consenso de los analistas, según Refinitiv. Según el titular de Reuters, la Bolsa de Wall Street estaba muy poco impresionada con los últimos resultados. En los cuatro trimestres anteriores, en cambio, el 84 % de las presentaciones de resultados habían superado las estimaciones previas.

Cualquier experto en apuestas deportivas cuyas recomendaciones tuvieran un porcentaje de éxito del 80 % entraría en bancarrota en poco tiempo. El objetivo de cualquier experto en este tipo de pronósticos es hacer una recomendación con la que la mitad de los apostantes pierda y la otra mitad gane. Si eso es lo que al final sucede, el corredor de apuestas —o la página web, en función del caso— obtiene un buen beneficio amasando comisiones, que son un porcentaje fijo de la cantidad jugada.

La predicción del BPA no se organiza a partir del mismo modelo de negocio. Un inversor ingenuo que crea en la existencia de las predicciones imparciales probablemente asuma que, cuando una empresa excede los pronósticos de consenso, en realidad está superando todas las expectativas previas. No obstante, esa conclusión no puede ser válida cuando la mayoría de los resultados siempre superan el consenso.

Desviarse del guion

Llegados a este punto, si sientes una profunda indignación, permíteme añadir un detalle que quizá sirva para calmar los ánimos. Un sistema en el que los consejos de administración tienen el control sobre la creación de expectativas, y con la plena cooperación de los analistas, es un excelente negocio desde la perspectiva de las empresas. Pero, en la práctica, las cosas no siempre funcionan de esta manera. Las predicciones del BPA que publican los analistas no siempre giran alrededor de las cifras que proponen las empresas. En algunos casos, hay analistas que se alejan del rebaño y proponen un número que puede estar tanto por encima como por debajo del consenso. En estos casos, ¿qué es lo que «ha salido mal»?

La verdad es que algunas empresas no encajan demasiado bien en el marco «BPA-PER-PO-Previsiones». Sus ingresos y, por lo tanto, sus beneficios son difíciles de prever con un mínimo de precisión, incluso para un período tan cercano como los próximos tres meses. No suelen ser empresas que dependan casi exclusivamente de una fuente de ingresos recurrente. Tampoco compiten en sectores en que las cuotas de mercado apenas cambian de un año a otro. Los altibajos de las cifras de ventas no están correlacionados con los indicadores económicos habituales.

El éxito financiero de estas empresas depende del diseño constante de nuevos productos que puedan ponerse de moda en mercados muy competitivos. Igual operan en sectores muy dinámicos desde un punto de vista tecnológico, en los que el intervalo entre una innovación revolucionaria y la obsolescencia es bastante breve. También podría ser que los ingresos de la empresa dependan de crear contenidos para el sector del entretenimiento que tengan una gran aceptación entre el público. Pero no hay forma de saber con absoluta certeza cuáles serán las preferencias de los aficionados al cine o la música. Y si una empresa con unas perspectivas de futuro inciertas consigue dar la campanada, no hay ninguna garantía de que el año que viene lo pueda volver a hacer.

Como descubrirás cuando analice en detalle las acciones n.º 1, esa impredecibilidad puede ser una virtud. Imaginemos que una empresa tiene una valoración que refleja la predicción de consenso, pero al final acaba superando las evaluaciones más optimistas de los analistas acerca de sus perspectivas de futuro. Es probable que la acción de la empresa suba mucho más que la media del mercado. Quizá llegue a duplicar el precio en el margen de un año.

Pero esa moneda tiene otra cara. Como con este tipo de empresas puede ocurrir cualquier cosa, siempre existe un riesgo sustancial de que el BPA real esté muy por debajo de la peor predicción del analista más pesimista. Si al final eso es lo que ocurre, la acción tiene muchas posibilidades de acabar más cerca del 500 que del 1 en el índice S&P.

Los inversores que se ven arrastrados al juego de previsiones pueden encontrarse con sorpresas muy desagradables, incluso con las empresas que no tienen ninguna de las características que acabo de describir. Recordemos la frase que he mencionado hace unos párrafos: «Si todo sale como está planeado». Un acontecimiento imprevisto como un desastre natural, una huelga, un accidente industrial de trágicas consecuencias o la pérdida de algunos de los principales clientes puede alterar el flujo de ingresos de una empresa que opera en un sector no cíclico y de baja tecnología.

En el momento en que las malas noticias aparezcan en pantalla, no servirá de nada que las estimaciones del BPA de los analistas coincidan con las previsiones de la empresa. Aunque los analistas tampoco tengan toda la culpa, la verdad es que sus modelos para estimar los beneficios no incluían el único factor que ese trimestre de verdad importaba. Los teóricos quizá sientan curiosidad por saber si los múltiplos PER que los analistas aplicaron a los pronósticos del BPA habían contabilizado los riesgos de que se produjera un suceso parecido. Pero, en un sentido práctico, estamos ante un desastre absoluto, para la empresa, para los analistas que la seguían y —esto no es ninguna novedad— para los accionistas.

Los baches en la carretera pavimentada con el BPA

Hay muchas formas de equivocarse por vincular una operación con el juego de las previsiones. Vamos a imaginar que descubres a un analista capaz de predecir los vaivenes de una empresa a corto plazo. Durante años, la empresa ha superado el consenso cuando las predicciones del analista eran más optimistas que el resto, y se ha quedado corta cuando afirmaba que los beneficios no podrían cumplir con lo previsto. En esta ocasión, la predicción de este genio de las finanzas está por encima del consenso. Justifica su pronóstico con un informe que analiza meticulosamente todos los factores que impulsan los beneficios de la empresa. Así que decides comprar opciones *call* sobre el valor, con la esperanza de obtener un beneficio rápido, y después esperas a la próxima predicción del analista sobre cómo se presenta el próximo trimestre.

Cuando por fin se publican los beneficios, y tal como había predicho el analista talismán, la empresa supera las previsiones por unos cuantos céntimos. Pero, para tu desesperación, la acción empieza a bajar, en vez de subir, y la operación acaba con pérdidas. Aunque el BPA superaba la predicción de consenso, el margen bruto de la empresa se ha quedado corto y no ha cumplido con las expectativas. En este trimestre concreto, el mercado ha concedido más importancia al margen bruto que al centro de atención habitual, el BPA.

En otro trimestre, la acción podría bajar de precio a pesar de superar la predicción del BPA, porque las previsiones actualizadas de la empresa para los próximos tres meses son más bajas de lo que espera el mercado. Moraleja: es muy peligroso participar en un juego en que las reglas pueden cambiar sin previo aviso.

Seguir a un analista que no produce análisis independientes puede atraer un peligro adicional. Aunque debo añadir que no creo que este tipo de desidia y dejadez sea habitual. La mayoría de los analistas, en mi opinión, trabajan con seriedad y pasión para que sus clientes estén en una situación de ventaja cuando quieren elegir acciones.

Actúan así a pesar de saber muy bien que las empresas pueden segarles la hierba bajo los pies en cualquier momento con una corrección contable arbitraria. Aunque creo que la mayoría de los analistas de valores son honestos y legales, una situación que viví en Wall Street me enseñó la importancia de comprobar qué se esconde detrás de los pronósticos sobre el BPA de los analistas.

El departamento de cumplimiento normativo de mi empresa me pidió que resolviera una diferencia de criterio sobre una empresa en particular. La disputa tenía como protagonistas a dos analistas asignados a la misma empresa, uno especialista en renta variable y otro en bonos corporativos. Para entender el problema, debes saber que, en contra de lo que piensan algunos inversores, los analistas de bonos no se conforman con analizar el balance de la empresa y calcular una puntuación crediticia a partir de métricas como la ratio deuda-capital. Como sus homólogos dedicados a la investigación en renta variable, se esfuerzan por anticiparse al futuro.

Uno de los indicadores clave sobre el futuro, que los analistas de bonos siempre tratan de controlar, responde al acrónimo EBITDA, que significa «beneficio antes de intereses, impuestos, depreciaciones y amortizaciones». Los beneficios suelen ser el factor que inclina la balanza al proyectar el futuro EBITDA. El motivo es que la mayoría de los factores restantes se fijan a comienzos de año. En el caso de la fiscalidad, por ejemplo, la cifra es un porcentaje muy predecible de los beneficios antes de impuestos.

En aquella disputa, la predicción del analista de bonos sobre los beneficios del año siguiente era bastante más pesimista que la de su homólogo dedicado a la renta variable. El departamento de cumplimiento estaba preocupado, y no sin razón, porque si la acción al final tenía una rentabilidad negativa, los clientes que perdieran dinero podían denunciar a nuestra empresa. Los abogados alegarían que nuestra empresa sabía que la previsión del BPA del analista de renta variable no era realista, como evidenciaba la proyección mucho más conservadora del analista de bonos.

A propósito, esta situación es menos improbable de lo que podría parecer a los lectores que no estén familiarizados con los litigios sobre valores. Una vez me encontré con un antiguo compañero de la universidad, y me dijo que había abierto una docena de pleitos contra las agencias de Bolsa que él mismo había utilizado para operar. En un primer momento sospeché —admito que con cierto cinismo— que su estrategia de inversión consistía en «si la acción sube, gano; si baja, demando». Pero el tipo parecía completamente sincero cuando afirmaba que le habían estafado en todas y cada una de las operaciones en las que su juicio infalible se había mostrado incapaz de producir un beneficio.

Volviendo a la disputa, mi misión consistía en conseguir que las predicciones de beneficios de ambos analistas estuvieran en mejor sintonía para evitar posibles problemas legales. Me imaginé que cumplir con la misión no sería demasiado difícil. Me hice con la hoja de cálculo del analista de bonos en que exponía su previsión de beneficios. Incluía un pronóstico detallado para cada apartado de la declaración de ingresos de la empresa para el año siguiente: coste de los bienes vendidos; gastos generales, administrativos y de venta; y un largo etcétera. Acto seguido, llamé por teléfono al analista de renta variable y le pedí que me enviara la hoja de cálculo correspondiente, para así poder comparar ambas propuestas. De este modo, podríamos determinar las causas del desacuerdo sobre el número final; o sea, la cifra de beneficios.

Después de darme cuenta de que habían pasado un par de días y no había vuelto a saber nada del analista de renta variable, decidí llamarlo de nuevo. Me aseguró que me enviaría la hoja de cálculo en un momento. Varios días después, como aún no había recibido nada, empecé a sospechar que el documento no existía. El informe publicado por el analista de renta variable sólo incluía las previsiones de ingresos y el BPA. No había llegado a sus conclusiones después de repasar de cabo a rabo la declaración financiera de la empresa. Al contrario, simplemente se había dedicado a incorporar las previsiones de ingresos y beneficios de la propia empresa, quizá con una ligera modificación para que no pareciera demasiado evidente. Era, sin lugar a dudas, un método mucho más eficiente y sencillo que el utilizado por el voluntarioso analista de bonos.

Pero quédate tranquilo, porque no creo que este método abreviado sea representativo de las prácticas de la mayoría de los analistas de valores. Aunque tampoco deberías dar por sentado que un analista que trabaja muchas horas te garantiza la confección de una cartera que mejore la rentabilidad del índice. Y aún hay menos garantías de que tenga la capacidad de guiarte hacia el valor más rentable del S&P 500.

Nadie espera que los analistas de valores hagan pronósticos perfectos. Pero, como mínimo, deberían enviar una señal clara cuando las cosas empiezan a cambiar de dirección. La esperanza de obtener un modesto beneficio podría seguir sin materializarse. En julio de 2022, un veterano estratega de mercado, Richard Bernstein, comentaba que las previsiones de los analistas de Wall Street siempre se posicionan en mitad del ciclo del mercado.[25] «Cuando empiezas a recibir "sorpresas negativas" en las declaraciones de beneficios —y muchas empresas dejan de cumplir las expectativas— los analistas dicen en un primer momento que se trata de una anormalidad.»

Más adelante, según el director de Richard Bernstein Advisors, los analistas se unirán para hacer piña y recortarán sus previsiones de forma bastante drástica. Y después, cuando las cosas por fin empiecen a cambiar de dirección, los analistas tardarán en reconocerlo. «Nadie querrá ser el primero en admitirlo en público», dijo Bernstein.

También existe el riesgo de que las conclusiones de los analistas se vean influenciadas, aunque sea de un modo inconsciente, por otras cuestiones que no tienen nada que ver con recomendar las mejores acciones del mercado. En ocasiones, el sector asignado al analista deja de estar de moda. Esta situación puede alargarse varios años, por desgracia para las ambiciones profesionales del analista o su afán de protagonismo. Ante un obstáculo de semejante calibre, una de las reacciones habituales de cualquier ser hu-

25. Sommer, Jeff, «Why you should be wary of Wall Street's upbeat stock forecasts», *The New York Times*, 22 de julio de 2022, <https://www.nytimes.com/2022/07/22/business/stock-market-wall-street-earnings.html>.

mano sería convencerse de que la mayoría de los responsables se han equivocado por completo.

La narrativa derivada suena familiar: «Es muy injusto que estos valores hayan perdido la aprobación del público. La forma de ganar dinero en el mercado es comprar lo que todo el mundo detesta». Y si suena un poco exagerado acusar a todo un colectivo, siempre hay otra opción disponible. El analista puede tratar de convencer a los inversores de que un valor concreto de ese sector se diferencia por alguna cualidad esencial del resto de sus competidores, pero que «los han metido a todos dentro del mismo saco». O quizá que «no han sabido separar el grano de la paja». O en una expresión mucho más gráfica que a veces se utiliza en Estados Unidos: «Cuando la policía hizo una redada en el burdel, se llevaron detenido hasta al pianista».

¿Los profesionales que tienen la gran responsabilidad de ofrecer buenos consejos para invertir de verdad permiten que su capacidad de juicio se vea afectada por sus intereses personales? Espero que no te sorprenda descubrir que la respuesta es «sí». Permíteme compartir otra anécdota...

En cierta ocasión, me invitaron a una tertulia incluida en una serie de conferencias que trataban muchos temas diferentes. El tema que me asignaron era la deuda de grado especulativo, una categoría que suele recibir el despectivo término de «bono basura». Di por sentado que el organizador de la sesión quería que yo presentara un análisis coherente de los principales peligros y las potenciales ventajas de esta clase de activos, todo bien documentado con hechos y datos concretos. En la medida de lo posible, eso es lo que hice durante el tiempo asignado. Mi previsión a doce meses vista hablaba de una rentabilidad mediocre en los bonos de alta rentabilidad (por llamarlos con un nombre puramente descriptivo, que se remonta a una fecha tan lejana como 1919).

Compartía el escenario con dos gestores de carteras de renta variable. Digamos que interpretaron el privilegio de poder participar en la conferencia de una forma bastante diferente. Ambos dedicaron todo su tiempo a regañar al público por no invertir su dinero exclusivamente en acciones. Sin prestar la menor atención a las señales que en aquel momento recomendaban precaución, seleccionaron de forma muy conveniente unos cuantos indicadores favorables y soltaron sus sermones sobre las virtudes de la inversión en acciones. No importaba que los asistentes hubieran acudido a la conferencia para aprender, y no para recibir un sermón. La misión, tal como la entendían aquellos dos ponentes, era atraer más capital a su clase de activos y, si era posible, a los miles de millones en activos gestionados (*assets under management*, AUM) de sus respectivas organizaciones.

Más AUM también significa más comisiones de gestión, lo que podría traducirse en más dinero para el gestor de la cartera. ¿Crees que fue esa motivación lo que condicionó su análisis favorable sobre el futuro de la renta variable? ¿Y es posible que los valores en la lista de seguimiento de los analistas, que todo el mundo creía que estaban condenados al fracaso durante los próximos dos años, tuvieran un gran atractivo desde su privilegiada perspectiva?

Al final, no todo es lo mismo

Esa interesada tendencia al optimismo no sólo plantea un potencial problema en los sectores que han perdido el favor del público. Y, de hecho, el problema no sólo es «potencial» a juzgar por los datos recopilados por FactSet. En abril de 2022, John Butters, investigador de dicha empresa, analizó varios miles de valoraciones sobre las acciones del S&P 500 publicadas por analistas, a partir de las medias mensuales de los cinco años anteriores; son las siguientes:

Comprar	52,9 %
Mantener	41,1 %
Vender	6,0 %

Este desglose no concreta cuántas empresas del S&P 500 habían recibido recomendaciones de comprar, vender o mantener por parte de los analistas que las siguen. Pero es matemáticamente imposible que cada agencia de análisis representada en el estudio mantenga un perfecto equilibrio entre las recomendaciones de comprar y vender, y que al mismo tiempo todo el grupo produzca en conjunto una mezcla tan descompensada entre compras y ventas. Por tanto, podemos deducir que, en muchas agencias, la diferencia entre compras y ventas tiende a acercarse a la ratio 9 a 1 que aparece en la tabla (52,9 %/6,0 %), y no a un reparto 50/50.

Esta conclusión queda confirmada con un análisis sobre las recomendaciones publicadas por las agencias de Bolsa más importantes durante el mes de agosto de 2022. Según los datos de MarketBeat, la proporción entre las recomendaciones de compra y de venta de 18 agencias diferentes era de 7,1 veces. La proporción más equilibrada entre los 18 departamentos de investigación era «sólo» de 2,0 veces a favor de las compras. En el extremo opuesto, la receta de una agencia incluía un 60 % de compras y un 0 % de ventas, lo que daba como resultado una ratio infinita. La segunda proporción más descompensada era una ratio entre compras y ventas de 33 a 1.

El abrumador dominio de las compras podría indicar que existe algún tipo de error. Sin duda, un obrador que debe elaborar la misma cantidad de helado de vainilla y de chocolate, y que después produce entre 2 y 30 veces más de uno que de otro, reconocería que algo ha salido mal en el proceso de producción.

Pero analicemos ahora la cuestión desde el punto de vista de un comercial que se dedica a la renta variable, cuya remuneración depende de generar un montón de transacciones. Una recomendación de venta sólo tiene utilidad para los clientes que ya poseen las acciones de la empresa. Una recomendación de compra, en cambio, puede ser interesante para cualquier persona que aparezca en la lista de contactos del comercial.

Ahí también se incluye a los clientes que ya tienen esas acciones en propiedad. Quizá se convenzan de que deben comprar más cuando el analista electrifica el mercado con las palabras «estoy reiterando mi compra». (Un consejo que no encaja demasiado bien con la definición de los profesores de finanzas de lo que sería «una información nueva que llega al mercado». En cambio, los editores de las secciones de economía no tienen ningún problema con los periodistas que atribuyen las escaladas de precios que no tienen una explicación clara a la reiteración de las recomendaciones de compra.) Mientras la remuneración final del comercial dependa del número de operaciones, los analistas que estén trabajando en un informe que culmina en una recomendación de venta no están haciendo el uso más productivo de su tiempo.

Incluso si no te dedicas al negocio de vender acciones —un caso concreto en que un informe de compra es mucho más útil que otro de venta—, igual tampoco piensas que una ratio de 1 a 9 entre ambas opciones sea un gran problema. Al fin y al cabo, si el conjunto del mercado sube por un porcentaje sustancial, es muy probable que haya muchos más valores al alza que a la baja. Y eso confirmaría que tener en propiedad todas esas acciones cuando los analistas hicieron sus recomendaciones era una buena idea. Además, el hecho de que la Bolsa siempre suba a largo plazo implica que esas operaciones probablemente serán rentables tarde o temprano.

El defecto de este argumento es que los analistas de valores no cobran por identificar las acciones que subirán en algún momento de los próximos años, en paralelo a una subida del conjunto del mercado. Los inversores que quieren operar según esta premisa se dedican a comprar fondos indexados. Esta opción no tiene nada de malo, pero los departamentos de análisis se crearon para beneficiar a otra clase de inversores, los gestores activos que se dedican a la

selección de valores. Prefieren enfrentarse al desafío de intentar superar la media del mercado eligiendo valores que obtengan una rentabilidad más elevada.

Entre los operadores que se dedican a seleccionar valores, hay gestores de inversiones inmersos en una feroz batalla por conseguir activos institucionales. Deben enfrentarse a los informes y evaluaciones anuales de los fondos de pensiones y los fondos patrimoniales de las universidades, que les entregan su dinero para que lo gestionen. Su rendimiento se analiza cada tres meses, o incluso en períodos más breves. Un año por debajo del punto de referencia (un índice asociado al tipo de cartera que gestionan) no suele provocar que los clientes retiren su dinero. Pero, en cambio, sí aumenta la presión por obtener una rentabilidad superior a la del mercado la próxima vez. Los resultados a corto plazo de los gestores de fondos de inversión están ahí para que el mundo los vea. Si quieren gestionar fondos más grandes e incrementar su remuneración personal, tienen que conseguir buenas cifras y con mucha constancia.

Como el éxito de estos gestores está ligado a los índices del mercado, no basta con tener acciones que suben de precio en un mercado alcista. Necesitan que los analistas les recomienden valores que se revalorizarán más que el índice cuando el mercado suba. Según esta visión, una acción que caiga menos que el índice en un mercado bajista es en realidad una mejor recomendación que una acción que suba menos que el índice en un mercado alcista. Tras reconocer que el objetivo de sus clientes profesionales es superar el punto de referencia, algunas organizaciones de

análisis financiero utilizan una terminología que sigue el esquema «por debajo del mercado-igual que el mercado-por encima del mercado» en lugar de «comprar-mantener-vender».

Ahora imaginemos que eres un gestor de inversiones que intenta destacar en este sistema. La única verdad indiscutible es que, por definición, la mitad de los valores del índice lo harán mejor que la media, y la otra mitad lo hará peor. Sin embargo, aquí estás, con el analista de máxima confianza de tu empresa, que te está diciendo que el número de valores que superarán la media es nueve veces mayor que el de los que estarán por debajo. Oh, sí, y eso después de asignar un «mantener» a un 40 % de los valores que van detrás. Esa distribución significa que todos los valores van a coincidir con el índice. Una cosa más que tampoco va a ocurrir.

¿Qué clase de utilidad puede tener ese tipo de análisis, cuando todos sabemos que los resultados que pronostica son imposibles?

Habrá profesionales del mercado que lean estas líneas y digan que yo no entiendo cómo funcionan las cosas en realidad. Esos «mantener», te dirán, son en realidad un «vender». Si haces las cuentas de esa manera, aquella ratio tan descompensada entre comprar y vender que citaba hace unos párrafos, del 52,9 % frente al 6,0 %, se transforma por arte de magia en una proporción 52,9 %/47,1 %. No es una proporción exacta 50/50, pero tampoco obtendrías ese porcentaje si lanzaras una moneda al aire. (Un examen riguroso de Persi Diaconis, Susan Holmes y Richard Montgomery descubrió que el 51 % de las veces la

moneda sale del lado que estaba hacia arriba al lanzarla.)[26]

«Mira —me harán saber los profesionales—, si das el irresponsable y radical paso de colocar un "vender" a un valor concreto, el analista se convertirá al instante en *persona non grata* entre la dirección de dicha empresa.» Se acabó eso de estar en el primer puesto de la lista para hacer preguntas en las presentaciones de resultados. Se acabaron las puertas abiertas en la sede central de la empresa para los clientes vip del analista. Un ostracismo absoluto. Recuerda a Michael Corleone en *El padrino: parte II*: «Fredo, ya no eres nada para mí. Ya no eres mi hermano, ya no eres mi amigo. No quiero saber nada de ti».[27]

Por suerte, hay una forma de evitar ese terrible destino sin perder la credibilidad; y no es otra que seguir recomendando un valor que lleva un sobreprecio evidente. Si las perspectivas de la empresa son horribles, el analista puede reducir la onda expansiva bajando la calificación... hasta llegar al «mantener». Un consejo que éste lanza mientras se guiña un ojo a todos aquellos que saben de qué va el tema. («Ya me entiendes, sin tener que decirlo palabra por palabra, que eso significa "sal de ahí de inmediato", ¿verdad?».) Digamos que esta política no cumple a rajatabla el mandato bíblico: «Que vuestro sí sea un sí, y que vuestro no sea un no». Pero expone con claridad

26. Diaconis, Persi; Holmes, Susan; y Montgomery, Richard, «Dynamical bias in the coin toss», *SIAM Review*, 1 (2007), pp. 211-235, <https://susan.su.domains/papers/headswithJ.pdf>.

27. Cita de *El padrino: parte II*, 1974, <https://www.quotes.net/mquote/37388>.

la idea y todo el mundo salva el puesto. ¿Cuál es el problema?

Claro que lo entiendo, pero si me pongo en la piel del gestor de la cartera, se me ocurren unas cuantas preguntas mordaces sobre este apaño tan conveniente. En primer lugar, ¿cuál es la diferencia entre un «vender» y un «vender, guiño-guiño» (lo que también se conoce como «mantener»)? Quizá «vender» significa: «De verdad, te lo juro, te lo digo muy en serio. ¡Deshazte de eso de inmediato!». O quizá sólo significa: «No incrementes la posición». ¿Se supone que debo salir de los «mantener», pero vender en corto los «vender»? ¿O qué?

Del mismo modo, tú y yo sabemos que el 40 % de los valores del índice nunca van a tener una rentabilidad próxima a la media. Dentro del S&P 500, el 40 % que compone el grupo con una rentabilidad intermedia se corresponde con los valores clasificados entre el puesto 151 y el 350. En 2021, los beneficios de esos valores fluctuaron entre el 15,33 % y el 42,45 %. Compara esa cifra con la media del 28,17 % (justo entre el puesto 250 y el 251). Por tanto, se confirma que una parte de esos «mantener» eran en realidad valores que tenían todas las cualidades de un «vender» —menos el nombre—, mientras que otros me hubieran ayudado mucho en mi cruzada por superar el punto de referencia. ¿Quiere eso decir, en realidad, que una parte de esos doscientos valores eran un «mantener sólido» mientras que la otra era un «mantener débil»? ¿Quizá en un futuro alguien podría hacerme saber cuál es cuál?

Teniendo en cuenta que algunos «mantener» superan claramente la media del mercado, mientras que otros se quedan muy por debajo, me inclino por dar la razón a aquellos *traders* experimentados que me dijeron, en las primeras etapas de mi carrera, que no existe nada parecido a un «mantener». Esta calificación sólo es un término adoptado por los analistas para no tener que expresar una postura clara. Los *traders* no pueden vacilar; tienen que acertar la apuesta o retirar la oferta.

Por último, y un poco al margen de todo lo anterior, ¿el objetivo del analista es recomendarme buenas acciones? ¿O es evitar herir los sentimientos de los CEO, cuyos incentivos multimillonarios deberían actuar como una buena protección contra esa clase de golpes?

Debo reconocer que todas estas objeciones no tienen la menor posibilidad de cambiar el *statu quo*. La farsa actual según la cual *mantener* es una palabra en clave para no decir *vender*, está demasiado arraigada. El 4 de septiembre de 2018, *Bloomberg News* informaba de que las recomendaciones de los analistas sobre Advanced Micro Devices estaban en «equilibrio», con 14 «comprar» y 4 «vender». Esa proporción 77,8 %/22,2 % se transforma en una cosa mucho más parecida a un equilibrio, con un 45,2 %/ 54,8 %, si cuentas los 13 «mantener» como si fueran «vender».

Me viene a la cabeza una adivinanza, que según algunas fuentes utilizaba Abraham Lincoln, aunque tampoco fuera obra suya: «¿Cuántas patas tiene un perro si dices que la cola es una pata?». Respuesta: «Cuatro». Porque decir que la cola es una pata no la convierte en una pata.

Escapar de la prisión del BPA y de las previsiones

Resulta muy sencillo acabar atrapado en una visión excesivamente reduccionista del mercado obsesionada con el BPA. Los informes de beneficios trimestrales proporcionan a los medios noticias manufacturadas. El ritual trimestral también ofrece a los analistas numerosas oportunidades para demostrar su maestría como pronosticadores. Toda la pompa que rodea esas cifras alimenta la ilusión de que la rentabilidad en la Bolsa depende de episodios estadísticos de noventa días, que en realidad han demostrado no tener la menor influencia en la forma de valorar las acciones de los verdaderos amos del mercado.

En una situación aún más absurda, las empresas que en teoría son valoradas según la métrica dominante, el BPA, tienen a su disposición métodos perfectamente legales para alterar las cifras de una manera que las beneficie. También tienen una cierta capacidad para acotar los pronósticos independientes sobre las cifras trimestrales que presentan los analistas, quienes se arriesgan a quedar mal si se alejan demasiado de las previsiones de las empresas. Y, por cierto, algunos actores corporativos que participan en el juego del BPA nunca se fijan en esa métrica en el proceso interno de gestionar sus empresas. Pero, ante la elaborada estructura erigida sobre los cimientos del BPA, los inversores caen en la trampa. Han llegado a la conclusión de que su trabajo consiste en anticipar los *beats* y los fallos que provocan una subida o una caída del valor de una única jornada de duración.

Cuando los inversores buscan una historia para complementar este simplista análisis numérico, la información que obtienen de los medios suele reducirse a declaraciones descontextualizadas y que no aportan nada. En muchos de esos debates superficiales, la justificación teórica para comprar una acción en el presente incluye argumentos que eran válidos el año pasado... y también hace dos. («Buena empresa. Balance sólido. Gestión con experiencia.») Estos comentarios, de escasa utilidad, suelen provenir de analistas que siempre apuestan por los mercados alcistas, y que se comportan más como apóstoles que como profesionales.

La única esperanza es que el encierro en la prisión del BPA no tiene por qué ser una cadena perpetua irrevocable. Siempre es posible escapar con la ayuda de los analistas de valores que comparten la opinión expresada por Joel Stern en 1974, según la cual los beneficios por acción no sirven para nada. Algunos han llegado incluso más lejos, y han desarrollado un sistema de análisis muy útil para aquellos inversores dispuestos a dedicar el tiempo y el esfuerzo necesarios.

Para poder poner un ejemplo de lo que pasa ahí fuera, eché un vistazo a los informes recopilados por Bloomberg en 2021 sobre Meta Platforms, que aún se llamaba Facebook Inc. por aquellos tiempos. No entraré en detalles sobre la metodología de las organizaciones incluidas en la lista. Pero me alegra decir que presentaban información muy útil para los renegados del BPA, incluso si al final algunos departamentos de investigación todavía reducen sus conclusiones a la fórmula BPA × PER = PO.

Como ya he mencionado, Stern subrayaba que el flujo de caja libre (FCF) tenía mucha más importancia que el BPA para determinar el precio de una acción. Si adoptamos el marco «por acción», el FCF aparece en el numerador en una métrica utilizada por Barclays, el rendimiento FCF. J. P. Morgan ofrece a los potenciales compradores de Facebook Inc. una variante que denomina «rendimiento del FCFF (*free cash flow to firm*)».

Needham incluía en su resumen una métrica que bautizó como OIBDA (*operating income before depreciation & amortization and stock compensation* [beneficios operativos antes de depreciaciones, amortizaciones y compensaciones por acciones]). PhilipCapital vinculaba el precio objetivo con su previsión del flujo de caja descontado. Esta empresa de análisis afirmaba que el precio objetivo también tenía en cuenta factores cualitativos como el perfil riesgo-recompensa del valor, el sentimiento del mercado, el porcentaje reciente de revalorización de la acción, la presencia o ausencia de catalizadores del precio de la acción, un contexto especulativo que afecte al valor y otros posibles condicionantes. Habría que hacer un énfasis especial en la cuestión de los catalizadores. Esto representa un fuerte contraste con la versión menos reflexiva de la inversión de valor, que exige mantener la creencia en que un buen día el mercado reconocerá espontáneamente que la acción ha cotizado por debajo de su valor intrínseco durante meses o años.

Entre los informes sobre Facebook, la alternativa más alejada del paradigma BPA × PER = PO era el análisis propuesto por Valens Research. Valens destaca que sus informes no incluyen recomendaciones para «comprar», «vender» o «mantener» valores concretos. Los autores piden a los lectores que tengan en consideración otros datos cuando tomen sus decisiones de inversión. Pero Valens utiliza sus propias métricas, que analizan las acciones en mayor detalle que los métodos empleados en la mayoría de las investigaciones.

Ofrecer una descripción detallada de todas las herramientas de valoración diseñadas por Valens convertiría este texto en una lectura farragosa. Pero puedes hacerte una idea de su metodología sólo con una de esas herramientas; es el capital circulante neto sumado a los activos de explotación no depreciables a largo plazo. Este segundo elemento, a su vez, incluye los terrenos y los activos de explotación intangibles no depreciables, pero, en cambio, excluye el *goodwill* (el fondo de comercio) y otros activos intangibles relacionados con las adquisiciones.

En cuanto a las presentaciones de resultados que los *traders* de gatillo fácil siguen con atención en búsqueda de fallos y *beats*, Valens aplica un proceso de creación propia que denomina «análisis forense de la presentación de resultados». Esta metodología examina y evalúa las actuaciones de la dirección durante las presentaciones de resultados, así como en otros actos públicos. Valens sostiene que los agentes de Bolsa no pueden, o no quieren, usar las técnicas que la firma utiliza, a menudo por miedo de poner en peligro las relaciones con los equipos de gestión de las empresas.

Hay más buenas noticias para los inversores que albergan la sospecha de que, desde un punto de vista financiero, no obtienen ningún beneficio cuando dejan que las corporaciones, los departamentos de investigación y los medios de comunicación los manipulen para participar en el juego de las previsiones. Algunas empresas han optado por dejar de ofrecer previsiones. Probablemente, el ejemplo más notable sean estas declaraciones del CEO de Berkshire Hathaway, Warren Buffet: «Creo que es una práctica nefasta participar en el juego de las previsiones de beneficios; porque está claro que es un juego».[28] El Oráculo de Omaha dice que ha visto con sus propios ojos cómo las previsiones conducían a un montón de cosas indeseables.

También resulta alentador que Berkshire haya renunciado a la modificación de sus resultados anuales y trimestrales. En su «manual del propietario», escrito por Buffett, la empresa jura solemnemente que siempre explicará a los accionistas cuántos golpes ha dado en cada hoyo y que nunca manipulará la hoja de puntuaciones. En lo que supone la confirmación de un punto clave de este capítulo, Buffett señala que la publicación de los estados financieros consolidados puede revelar muy poco sobre el verdadero rendimiento económico de Berkshire, debido a las limitaciones de la contabilidad convencional.

En este contexto, Buffett recuerda a Joel Stern cuando dice que los inversores sofisticados que determinan en realidad los precios de las acciones no confían en los beneficios declarados que se basan en resultados contables.

28. Imbert, Fred, «Warren Buffett likes quarterly earnings reports from companies but not guidance», CNBC, 30 de agosto de 2018, <https://www.cnbc.com/2018/08/30/warren-buffett-i-like-quarterly-reports-from-companies-but-not-guidance.html>.

También confía en que los accionistas son conscientes de las ventajas que ofrecen los beneficios que no pueden contabilizarse de ninguna manera con las normas de los PCGA; unas ventajas que llegarán a través de las ganancias de capital.

Por último, Berkshire rechaza la táctica del «gran baño», que emplean las empresas que sufren unas pérdidas demasiado importantes como para poder ocultarlas con un golpe de mano contable. Muchos creen que una gran pérdida es mala para la acción, pero que una pérdida mucho mayor en realidad no empeora las cosas. Así pues, si es inevitable registrar pérdidas durante un trimestre por una serie de reveses operativos legítimos, también es un buen momento para asumir unas cuantas cancelaciones de deuda incobrable. La dirección siempre suele tener un reguero de cancelaciones pendientes, que había pospuesto hasta que las pudiera utilizar para compensar un beneficio inusual que no será capaz de replicar en el trimestre correspondiente del año que viene.

Como la dirección no cree que otros 100 millones de dólares de pérdidas hagan más daño al precio de la acción, ¿por qué no asumir una mayor cantidad de cancelaciones de lo que sería necesario? Podría ser el momento oportuno para abordar una variedad de cuestiones que la dirección había pospuesto con el fin de evitar la publicación de cualquier otra cosa que no fuera un ascenso constante de los beneficios declarados. El balance todavía asigna todo su valor a algunas deudas de dudoso cobro, el inventario obsoleto y el fondo de comercio acumulado por las adquisiciones que no salen como estaba previsto.

Con un extra de agresividad al dar de baja esas partidas, la dirección puede maquillar la cuenta con activos cancelados. Y puede registrarlos de nuevo cuando —¡oh, sorpresa!— el tratamiento contable anterior demuestre que era demasiado conservador. ¿Y no sería todo un golpe de buena suerte que esa revelación coincida por casualidad con un trimestre en que unos beneficios flojos amenazan con arruinar la suave y constante progresión al alza de la empresa?

Últimas reflexiones sobre el análisis fundamental

La idea básica de este largo viaje por los métodos de los analistas de valores no es cuestionar que en ocasiones publican recomendaciones sobre acciones concretas que acaban siendo muy rentables. En agosto de 2022 tuvimos un ejemplo extraordinario. Un analista londinense de Jefferies, Charles Brennan, predijo en una nota a los inversores que la oleada de adquisiciones en el sector tecnológico europeo iba a continuar. También incluyó un diagrama muy elocuente con los posibles objetivos de los compradores.

Al día siguiente, una empresa canadiense de software, Open Text Corp., anunció que adquiriría Micro Focus International. Brennan había anunciado que el desarrollador británico de software era la segunda empresa con más posibilidades de ser objeto de una adquisición. La oferta de Open Text incluía un sobreprecio del 99 % sobre el valor de cierre anterior. Cuando la cotización de Micro Focus

International se reanudó, el precio se disparó hasta alcanzar prácticamente ese nivel. Los propietarios doblaron su dinero en veinticuatro horas.

Si estas cosas ocurrieran cada día, un inversor podría empezar a operar con una pequeña participación y hacer suficiente dinero para jubilarse en el plazo de un año. Pero, como subrayo a lo largo del libro, eso no sería una aspiración realista ni adecuada. La paciencia es un elemento indispensable para la mentalidad de un inversor de éxito.

Hay dos razones muy válidas para tratar de encontrar la mejor acción del año que viene, si es que la idea te llama la atención. La primera es que puede ofrecer una vía de escape a las pulsiones especulativas, y que, además, no tiene ninguna contraindicación financiera si sólo asignas uno o dos puntos porcentuales de tu cartera a la apuesta anual. La segunda es que realizar la investigación necesaria para encontrar a tu candidato puede enseñarte cosas muy valiosas sobre las dinámicas de la fijación de precios. Esas lecciones te ayudarán a confeccionar una cartera de acciones responsable y bien pensada.

La idea que deberías llevarte a casa después de este repaso a los métodos de investigación basados en el análisis fundamental es que los resultados publicados por las agencias de Bolsa y calificación independientes, aunque pueden ser útiles en otros aspectos, no están pensados para el objetivo concreto de identificar la mejor acción del S&P 500. Esas organizaciones obtienen su recompensa cuando ayudan a los gestores de carteras diversificadas a superar los puntos de referencia por un margen modesto mientras evitan grandes pérdidas. En cambio, encontrar el valor n.º 1 requiere un enfoque completamente diferente.

En cuanto al análisis técnico...

El primer apartado de este capítulo mencionaba que los estudios de los analistas de valores sobre los fundamentales de una empresa —competitividad, solidez financiera, beneficios y demás— se complementa con el trabajo de los analistas técnicos que se centran en el comportamiento del precio de la acción. Elaboran gráficos con los movimientos de los valores en el pasado, puesto que creen que ciertos patrones observables proporcionan señales muy útiles sobre su precio en el futuro. Muchos analistas que recomiendan acciones tienen en consideración las conclusiones que se derivan de ambos tipos de análisis, técnico y fundamental.

Realizar una evaluación exhaustiva del análisis técnico sería un gran tema para otro autor, en otro momento y otro lugar. El propósito de este libro sólo es contribuir a la misión de identificar con antelación la acción más rentable del año. Con este fin, me limitaré a exponer una serie de razones que me hacen dudar de que el análisis técnico ofrezca una solución rápida y sencilla a este rompecabezas.

En mi papel de crítico literario para el *Financial Analysts Journal*, escribí una reseña sobre un libro publicado en 2009 por Andrew W. Lo y Jasmina Hasanhodzic, titulado *The heretics of finance: conversations with lead-*

ing practitioners of technical analysis.[29] Es un libro serio, con una metodología rigurosa, que en ningún caso es indolente con los esfuerzos de los *chartistas* por ofrecer consejos útiles para invertir utilizando el análisis de la historia del precio.

De hecho, los autores incluyen un estudio que encontró diez patrones de precios que los analistas técnicos consideran válidos desde un punto de vista estadístico. Pero evitan a toda costa, a partir de esos hallazgos, llegar a la conclusión de que el análisis técnico puede conducir a una estrategia de inversión rentable. Sin embargo, instan a los profesores de finanzas, que en general se muestran escépticos ante el análisis técnico, a abrir un diálogo con sus practicantes.

La apertura de miras que demuestran Lo y Hasanhodzic sobre la cuestión contrasta con la convicción de los creyentes más acérrimos en los mercados eficientes, quienes piensan que los movimientos anteriores del precio de una acción no tienen nada que ver con su comportamiento en el futuro. Según este punto de vista, el precio de la acción cambia porque el mercado recibe información nueva que altera su valor intrínseco. Fin de la historia. Para los radicales de la eficiencia del mercado, las infinitas horas que dedican los analistas técnicos a predecir los precios de la acción en el futuro son una absoluta pérdida de tiempo.

29. Lo, Andrew W.; y Hasanhodzic, Jasmina, *The heretics of finance: conversations with leading practitioners of technical analysis*, Bloomberg Press, Estados Unidos, 2009.

Los analistas técnicos entrevistados en *The heretics of finance* no refutan esas críticas con pruebas concretas de que su trabajo cumpla unos elevados estándares científicos. Aquí tienes una muestra de sus respuestas ante la insinuación de que su trabajo debería pasar el examen de la verificación empírica:

- «Dudo de que muchas de las teorías se hayan probado (o se puedan probar) a fondo.»
- «Pocas cosas en la vida se presentan en un perfecto blanco o negro.»
- «El análisis técnico es un arte.»

Si estos comentarios no te inspiran mucha confianza, fíjate en cómo respondieron los entrevistados de Lo y Hasanhodzic a la siguiente pregunta: «¿Crees que la inclusión de la astrología en el análisis técnico socava la credibilidad de la disciplina?». Sus respuestas incluían cosas como las siguientes:

- «¿Si la astrología podría ser beneficiosa o instructiva, en un sentido un poco informal? Voy a decir que sí.»
- «Depende del tipo de astrología del que hables.»
- «He visto que algunas personas hacían operaciones muy buenas usando la astrología.»
- «La astrología sólo es negativa para el análisis técnico a ojos de personas con una mente muy cerrada.»

El escepticismo sobre la utilidad del análisis técnico no se restringe a la universidad. Laszlo Birinyi, un reputado analista de mercado, explica a Lo y Hasanhodzic que la disciplina es problemática debido a la ausencia de reglas estrictas y teorías demostradas. «Te permite adoptar una postura, y entonces encontrar cosas que respalden tu posición», dice. Birinyi, que ha desacreditado varias reglas técnicas bastante venerables, afirma sin matices: «La verdad es que el análisis técnico no funciona en el mercado». Señala que cualquier persona que hubiera confiado en la ratio avance/descenso, muy celebrada por los *chartistas*, se habría mantenido al margen de la inversión en acciones desde 1957 a 2002.

Impertérritos frente al rechazo absoluto a su trabajo, los analistas técnicos insisten en que conocen el verdadero camino hacia la iluminación bursátil. Robert Prechter se burla de la idea de enriquecer el análisis técnico con la visión que propone el fundamental. En su opinión, eso sería como preguntar: «¿La comida es más efectiva cuando se utiliza sin ningún aditivo o cuando se combina con arsénico?». Ante la crítica de que el análisis técnico es retrospectivo por definición, Alan Shaw responde que los analistas fundamentales también echan la vista atrás cuando confían en los balances y las declaraciones de resultados. Su respuesta pasa por alto la cuestión, mencionada durante la crítica anterior al método fundamental, de que los precios objetivos de los analistas se basan en un BPA proyectado.

El análisis técnico tiene legiones de seguidores, pero sus detractores parecen más sinceros y directos que los críticos del análisis fundamental. Sin concretar con los términos *técnico* o *fundamental*, hice una búsqueda en Google con la pregunta: «¿El análisis de valores es falso?». La primera remesa de titulares incluía los siguientes:

- «Por qué el análisis técnico no sirve para nada» (*Seeking Alpha*)
- «¿Se ha demostrado que el análisis técnico de valores es un fraude?» (*Quora*)
- «Por qué el análisis técnico no tiene sentido» (*Seeking Alpha*)
- «El análisis técnico tiene un defecto fundamental» (Forbes.com)
- «¿El análisis técnico es una falacia?» (Mitchell Rosenthal, medium.com)

El último titular está sacado de un artículo que en realidad ofrece una mirada constructiva sobre el análisis técnico. Pero resulta muy revelador que el autor sienta la necesidad de responder a la pregunta que plantea. No encontré comentarios de desprecio ni preguntas incisivas comparables sobre el análisis fundamental entre los primeros resultados generados al hacer la pregunta. Como ejemplifica este capítulo, el análisis fundamental de valores no es inmune a las críticas. Pero sólo el análisis técnico, ya sea de manera justa o injusta, genera el profundo escepticismo que revela una rápida búsqueda en internet.

Para los analistas técnicos, tampoco supone un gran consuelo que su imagen haya mejorado bastante y que ya no sean «unos delincuentes de poca monta». Así eran percibidos en la década de 1920, según el analista técnico Anthony Tabell. En aquellos tiempos se usaban gráficos de puntos en un intento de ganar dinero con las apuestas. En realidad, aquello era un plan coordinado para manipular el mercado, lo que en la época era una práctica vergonzosa, pero en ningún caso ilegal. Tabell dijo que aquella mancha continuó perjudicando la reputación de los analistas técnicos hasta la década de 1950.

Pero, en este caso, el objetivo no es sepultar o celebrar el análisis técnico. El propósito de este libro es explicar las herramientas que pueden ayudar a los inversores que quieren tratar de acertar la acción n.º 1. Y ése no es el objetivo concreto de los analistas técnicos. Tampoco lo es en el caso de sus homólogos dedicados al análisis fundamental, que elaboran las predicciones del BPA, utilizan las ratios PER y generan precios objetivos. Independientemente de los posibles méritos de sus respectivas disciplinas, los inversores que quieran encontrar al gran ganador del año que viene deben buscar en otras partes. Uno de los lugares lógicos donde empezar a buscar son las historias de las acciones que se alzaron con la corona en el pasado. Vamos a centrarnos ahora en esta cuestión.

2

Aquí tienes sus historias

En el capítulo anterior explicaba por qué sería muy difícil encontrar la mejor acción del S&P 500 con la única ayuda del análisis de valores estandarizado. Los analistas estampan la recomendación de «comprar» a la mitad de los valores, pero sólo uno puede ser el primero en la clasificación de la rentabilidad total. Para acotar la exploración, hay que buscar otras cualidades adicionales que no pueden reducirse a simples números. Una buena manera de dar con algunas pistas es estudiar las historias de las acciones que ocuparon el primer puesto de la lista en el pasado. No hay dos años exactamente iguales, pero este análisis va a identificar una serie de factores que estaban presentes en todos los casos.

He reunido aquí un conjunto de historias sobre las acciones n.º 1 entre los años 2017 y 2021 que no has leído en ninguna otra parte. Seguro que has visto u oído algunas noticias sobre los valores que destacaron entre el resto durante un año concreto. Pero como nadie sabía cuál era la acción que terminaría en el n.º 1, no hubo ningún periodista que empezara a fijarse en ella antes de iniciar su ascenso, y descubrir así por qué estaba destinada a triunfar de una forma tan sensacional.

La importancia de muchos acontecimientos que contribuyeron a los espectaculares beneficios de estos valores sólo se hizo evidente después de la gran noticia. De hecho, algunas de las acciones que acabarían ocupando el primer puesto empezaron el curso muy rezagadas. Como resultado, no siempre eran los valores que recibían más atención.

Sólo hay una forma de reunir la historia completa sobre el mejor año de un valor. Alguien tiene que dedicar su tiempo a reconstruir lo ocurrido a partir de las noticias diarias que se publicaban sobre la empresa, tanto en el año de su gran victoria como en el anterior.

Ese alguien he acabado siendo yo. Los resultados de mi trabajo de investigación conforman el resto de este capítulo. En otro capítulo posterior sintetizaré las características que comparten todas estas historias. Ésos serán los rasgos que deberás buscar en tu caza del próximo n.º 1.

2017: NRG Energy (NRG) 134 %

El 31 de diciembre de 2015, en Bloomberg se describía NRG como la tercera acción más infravalorada del S&P 500, según la media de los precios objetivos de los analistas. Los títulos de esta compañía eléctrica estaban cotizando un 70 % por debajo de su punto de referencia. Aquella revelación tampoco sirvió de mucho durante los siguientes 12 meses, ya que NRG generó una rentabilidad total del 6 %, bastante por debajo del 12 % del S&P 500. Y todavía resultaba más desalentador que la rentabilidad de NRG estuviera muy por debajo de la registrada por otras empresas del sector, ya que el subíndice de los proveedores de servicios básicos mostraba una subida del 16 %.

Los analistas confiaban en que NRG tendría la fuerza financiera para subir hasta su precio objetivo gracias a un balance muy sólido, en un sector especialmente conocido por depender mucho del dinero prestado. La sociedad matriz no tenía vencimientos de deuda hasta 2018, y contaba además con una gran cantidad de efectivo. Ni siquiera había utilizado más de la mitad del crédito bancario que tenía a su disposición.

En resumen, los analistas vieron que NRG tenía un gran potencial pendiente un año antes de su espectacular erupción en 2017, cuando superó al resto de los valores del S&P 500. No es que los inversores despertaran de repente un buen día y se dieran cuenta de que NRG estaba infravalorada, como diciéndose: «¿Cómo hemos podido estar tan ciegos hasta ahora?». Afirmar algo así sería una caricatura del comportamiento real de la Bolsa, aunque algunos pregoneros presenten esa imagen cuando publicitan sus recomendaciones. En el mundo real, algo tiene que cambiar para que el potencial oculto de una acción por fin se manifieste. Una forma más sofisticada de expresar la misma idea es decir que el valor necesita un catalizador. Así pues, veamos qué estaba frenando a NRG en 2016, y qué fue lo que cambió la dinámica en 2017.

Al entrar en el año 2016, los inversores estaban inquietos. El valor cotizaba a la mitad del precio que tenía hacía diez años, y fue la peor acción del subíndice de los servicios básicos en 2014 y 2015. Muchos inversores culpaban de la decadencia de la acción a la visión del CEO David Crane, quien se había propuesto transformar NRG en un líder en energías renovables, cuando siempre había sido uno de los principales productores de electricidad a partir de combustibles fósiles. Las ambiciones del CEO se inspiraban en la búsqueda del bien común, pero, en NRG, los vientos del cambio empezaban a soplar con fuerza. En diciembre de 2015, el consejo de administración despidió a Crane. Poco después, el ya cesado CEO declaró que había querido expandirse hacia el apasionante sector de las energías renovables sin perder las centrales de carbón de la empresa, pero, al final, la preferencia de los inversores por los beneficios seguros y constantes se hizo con la victoria.

NRG siguió con el discurso de la transición hacia las energías renovables, pero ahora seguía una trayectoria distinta. Aunque la eólica y la solar representaban menos del 10 % de toda la electricidad generada por NRG, el consejo de administración no estaba satisfecho con la división de la empresa dedicada a las placas fotovoltaicas para los hogares. Así que la dirección decidió reducir esa área de negocio durante aquel mismo año. En marzo de 2016, la empresa recortó su dividendo, con lo que obtuvo más flexibilidad para canalizar el capital hacia las áreas que ahora quería potenciar.

Wall Street seguía pensando que NRG tenía un gran potencial que aún no se había materializado. En octubre, el valor había pasado del tercer al primer lugar del S&P 500 en términos de infravaloración según el precio objetivo de los analistas. En noviembre, Lawrence Strauss, de *Barron's*, eligió a NRG como una de las mejores empresas de servicios básicos del mercado. Un analista del Deutsche Bank, Abe Azar, dijo que el único obstáculo que estaba frenando el precio de la acción era la urgente necesidad de negociar una reducción de la deuda de GenOn Energy, una subsidiaria que había adquirido en 2012.

En un claro indicio de la grave situación financiera de GenOn, Standard & Poor's rebajó la calificación de la empresa en enero de 2017, de CCC a CCC–, sólo tres puntos por encima de la D, de *default* (o incumplimiento crediticio). Por si acaso, la agencia de calificación añadió que la puntuación de GenOn tenía muchas probabilidades de empeorar todavía más. S&P advertía de que la empresa no tenía un plan creíble para resolver la deuda que vencía a corto plazo, lo que incrementaba el riesgo de quiebra en el mes de junio.

Una semana después de la rebaja de GenOn, el catalizador que NRG necesitaba para hacer realidad todo su potencial apareció en la forma de un grupo de inversores activistas. Elliott Associates y sus empresas afiliadas, con una exposición económica equivalente al 6,9 % de las acciones de NRG, cerraron un pacto con Bluescape Energy Partners y con otro asociado, hasta amasar una posición total del 9,4 %. Las dos organizaciones dijeron que pronto entablarían conversaciones con la junta de NRG, y añadieron que también estaban valorando la posibilidad de nombrar a uno o más directores.

Elliott, fundada por Paul Singer, había desempeñado en el pasado un papel predominante en la liberación del valor oculto de empresas como Hess Corporation, Mentor Graphics, PulteGroup (la acción n.º 1 del S&P 500 en 2012) y Telecom Italia. Bluescape estaba dirigida por C. John Wilder, el antiguo CEO que había reducido costes en TXU (más adelante, Energy Future Holdings), y que *Bloomberg News* había descrito como un «titán de la transformación». Poco después de que estos pesos pesados anunciaran su participación en NRG, BlackRock, el mayor gestor de activos financieros del mundo, reveló que sus firmas habían incrementado su participación en NRG hasta el 6,5 %.

La posibilidad de que los activistas dieran una buena sacudida al valor tuvo un impacto inmediato. NRG subió un 35 % en enero de 2017, de lejos el mayor incremento entre las empresas de servicios básicos. Jon Najarian, de la CNBC, dijo que el valor estaba sometido a tanta especulación que la empresa había contratado a un asesor, debido a los rumores de una posible adquisición a un precio de veintitantos dólares. NRG había empezado el mes a 12,26 dólares.

Mientras unos actores muy poderosos sacudían NRG para cambiar su suerte, el sucesor de David Crane como CEO, Mauricio Gutiérrez, dejó muy claro que su equipo estaba trabajando en la revisión del perfil de la empresa. Sus días como productor de electricidad cien por cien independiente habían terminado, declaró. Y NRG ya estaba llevando a cabo la reducción de costes que habían solicitado los activistas.

En febrero, NRG anunció un acuerdo con Elliott y Bluescape. La empresa formó un comité de análisis para estudiar distintas iniciativas operativas y de reducción de costes, además de posibles incorporaciones o sustracciones a la colección de filiales que poseía. Wilder, de Bluescape, y el antiguo presidente de la comisión de servicios públicos de Texas se incorporaron a la junta, en sustitución del presidente no ejecutivo de la empresa y de otro director en funciones. Como parte del trato, los dos inversores activistas acordaron no incrementar sus participaciones en NRG durante un tiempo.

Mientras tanto, GenOn se quedaba sin tiempo para lidiar con la deuda que estaba a punto de vencer. NRG no tenía la obligación de pagar la deuda, pero representaba una mancha en el diagnóstico de la salud financiera de NRG, que por lo demás parecía intachable. NRG no necesitaba esa especie de antídoto contra el entusiasmo inversor, y menos aún en el momento en que publicaba unos resultados bastante decepcionantes durante el primer trimestre. Después de una racha en la que había superado las previsiones de los analistas una y otra vez, NRG era ahora incapaz de igualar las predicciones más pesimistas.

El cambio llegó el 4 de mayo, cuando GenOn anunció una oferta de pagarés. Junto con el efectivo que tenía a mano, dijo la empresa, los ingresos generados por esta medida bastarían para amortizar la deuda que vencía el mes siguiente. La posibilidad de una quiebra a corto plazo podría evitarse. Las acciones de NRG subieron un 11 % después de la noticia.

Ese mismo mes, GenOn llegó a un acuerdo con NRG y

sus acreedores para reorganizar su estructura de capital mediante una declaración de quiebra. Los acreedores de la deuda que vencía el mes de junio recibieron una cantidad de dinero en efectivo que equivalía al 92 % del principal. La acción de NRG subió por la noticia.

Mientras eliminaba la carga que suponía la deuda de GenOn, el comité de análisis de NRG se estaba planteando la posibilidad de recomendar la venta de las operaciones de la empresa en el sector de las renovables. A través de canales informales, los posibles compradores habían expresado su interés por quedarse con todo el lote completo. Los fondos de pensiones y las compañías de seguros comprometidas con el cambio climático estaban al acecho para convertirse en posibles compradores.

El 12 de julio, el comité anunció un plan de reducción de costes de 1.100 millones de dólares, que incluía tanto la eliminación de puestos de trabajo como la venta de activos. Con el dinero obtenido por la venta de activos, NRG planeaba eliminar deuda y quizá pagar un dividendo especial. La acción de NRG respondió con una subida del 29 % en una sola sesión, lo que representaba un incremento total del 72 % desde comienzos de año. Satisfecho con los efectos de su activismo, Elliott decidió recoger beneficios sobre una tercera parte de su posición en NRG.

De hecho, NRG liquidó dos de sus problemas de deuda pendiente antes de que el año hubiera terminado. Para reconocer la mejora del balance de la empresa, Moody's decidió subir la valoración, de «estable» a «positiva». Tras la publicación de los beneficios del tercer trimestre, NRG anunció un aumento de los dividendos del 3 %.

En síntesis, el precio de la acción de NRG no se duplicó durante el año 2017 porque los inversores tuvieran los ojos tapados con una venda que entonces cayó de repente. Los analistas ya habían identificado el gran potencial oculto en el precio hacía más de un año. Pero transformar ese potencial en una realidad requirió la intervención de dos activistas inversores de primera división, quienes impusieron un nuevo rumbo a la empresa que fue más del agrado de la comunidad inversora. La resolución de la inminente crisis de deuda fue otro ingrediente esencial.

El cambio de NRG no estaba diseñado para satisfacer a otro tipo de activistas. Los defensores de las energías renovables habrían preferido que la empresa se consolidara en el sector, en lugar de dar media vuelta y apartarse. Por suerte, desde la perspectiva de los ecologistas, el plan del comité de análisis recomendaba la venta del negocio de las renovables, no su cierre y liquidación. No faltaron candidatos dispuestos a participar en la operación. Una de las lecciones a extraer de la historia de NRG es que una empresa tiene muchas más posibilidades de llegar al n.º 1 si ofrece lo que quiere el mercado en un momento dado, en lugar de tratar de convencer a los inversores de que están buscando en el lugar equivocado.

2018: Advanced Micro Devices (AMD) 80 %

Si te propones descubrir por qué un fabricante de semiconductores, como Advanced Micro Devices, obtiene buenos o malos resultados durante un período determinado, vas a tropezar enseguida con una abrumadora cantidad de densa jerga técnica. Hay una amplia variedad de chips diferentes, que sirven para realizar una gran diversidad de tareas. La especialidad evoluciona tan deprisa que un artículo publicado en 2018 se burlaba de una tecnología obsoleta presentada en 2014. No es que los expertos que dedican su vida a estudiar el sector decidan unánimemente cuál es el chip que hoy ofrece las mejores prestaciones en función del coste; o bien, y más importante aún, cuál será el chip de próxima generación, todavía en fase de desarrollo, que va a dominar el mercado dentro de un tiempo.

Antes de decidir que para comprender el sector de los chips debes sacarte primero un grado en ingeniería electrónica (en el supuesto de que no lo tengas ya), hay motivos para el optimismo. Otros factores técnicos menos esotéricos explican por qué AMD terminó última en el Índice de Semiconductores de la Bolsa de Filadelfia (el SOX) en el año 2017 —la única del grupo en sufrir una caída—, y después no sólo superó al resto de los fabricantes de chips, sino a todas las empresas del S&P 500 durante el año siguiente. Al final, todo se explica por una feroz batalla competitiva, en concreto entre Advanced Micro, Intel y Nvidia. En palabras del analista de Barclays Capital, Blayne Curtis: «Invertir en estas empresas de chips al final se reduce a creer que su tecnología es mejor que la de la competencia».

Sin duda, hubo otras influencias en el precio de AMD. Un elemento positivo fue el fortalecimiento de la posición financiera de la empresa. Durante los años 2017-2018, AMD tuvo fuertes sacudidas mientras los valores relacionados con los semiconductores —y en un sentido más amplio todo el sector tecnológico— se ponían de moda, para dejarlo de estar poco después. Otro de los factores importantes fue la fluctuante fortuna de las criptomonedas. Las personas dedicadas a la minería de criptomonedas se habían convertido en uno de los principales consumidores de semiconductores.

El contexto político fue otro de los factores importantes. La administración Trump se planteaba endurecer las restricciones comerciales a China, donde se producían muchos de los chips que después venden las empresas de semiconductores de Estados Unidos. Pero, pese a la presencia de estas importantes circunstancias en el sector, las perspectivas de Advanced Micro a comienzos de 2018 dependían sobre todo de cuestiones relacionadas exclusivamente con la compañía.

La empresa estaba pasando por una transición. En el pasado, AMD era conocida sobre todo por fabricar los chips que se instalan en la placa base de los ordenadores personales. Ahora, la empresa estaba haciendo una apuesta por los chips de alto rendimiento —y también de alto margen— en áreas como el mercado de las unidades de procesamiento gráfico (GPU, en inglés) para los centros de datos y los sistemas de aprendizaje profundo que se utilizan en el sector automovilístico, que se estaba orientando hacia los vehículos autónomos.

Esta redirección parecía albergar un gran potencial. Matthew Ramsay, analista de Canaccord Genuity, calculó que los cambios podían duplicar los márgenes de beneficio que Advanced Micro había generado con su línea de producto anterior. Pero, a juzgar por la rentabilidad de AMD en 2017, el mercado no estaba convencido todavía de que pudiera materializar ese potencial. Una rentabilidad del −9 % palidecía en comparación con el 22 % del S&P 500.

Antes de entrar en 2018, ya estaban presentes algunos de los elementos cruciales para el gran rebote. En primer lugar, Moody's y Standard & Poor's mejoraron la calificación durante 2017, lo que daba fe de la mejora del perfil crediticio de Advanced Micro. Asimismo, surgió una gran oportunidad para que la empresa ganara una buena cuota de mercado con los servidores. Los principales operadores de los servicios en la nube, como Alphabet, Amazon y Microsoft, querían una alternativa a Intel, que dominaba el mercado de forma abrumadora.

Además, las tarjetas gráficas de Advanced Micro, que se utilizaban para la minería de criptomonedas, recibieron un nuevo impulso cuando se disparó el precio del bitcoin y otros activos similares, por lo que el proceso de minería también era mucho más rentable. La línea gráfica de la empresa se anotó una gran victoria de diseño con Amazon Web Services. Advanced Micro volvió a anotar de nuevo en un segmento de rápido crecimiento, la inteligencia artificial, cuando Tesla decidió reducir su dependencia de Nvidia. Además, la acción de AMD parecía barata, según los múltiplos recientes pagados por los compradores de empresas de semiconductores, como explicaba el analista de Jefferies, Mark Lipacis.

A pesar de los indicios de una subida sustancial, una serie de reveses hundieron el precio de AMD en 2017.

Enero empezó con un informe desfavorable sobre los pedidos de ordenadores personales, un mercado esencial para Advanced Micro. En marzo, una reseña de una revista comercial criticaba el rendimiento del nuevo chip de Advanced Micro en los videojuegos. En abril, Goldman Sachs empezó a seguir a AMD con la recomendación de «vender», tras destacar que las bajadas de precios de Intel y Nvidia habían frustrado los intentos de la empresa por ganar cuota de mercado con avances tecnológicos. En cuanto a la explosión «cripto», podía convertirse enseguida en un apocalipsis «cripto», por lo que las ventas en ese mercado eran volátiles por definición. El CEO de J. P. Morgan Chase, Jamie Dimon, no ayudó mucho en este sentido con su denuncia pública de las criptomonedas, que describió como un simple fraude, y que suscitó un gran interés. Por último, los analistas señalaron que cualquier posible beneficio económico derivado del acuerdo de Advanced Micro con Tesla llegaría en un futuro muy lejano.

Así, había muchas razones para que los propietarios de AMD se sintieran apesadumbrados en 2017. Pero, en cualquier caso, la mala rentabilidad de la acción también la hacía mucho más atractiva a ojos de los creyentes. Al cerrar el año, BofA Merrill Lynch incluyó AMD entre las diez mejores ideas inversoras para el primer trimestre de 2018. Y, con el año nuevo, la suerte de la empresa enseguida dio un vuelco radical, y para mejor.

El 3 de enero, AMD subió en respuesta a un informe que revelaba un defecto en los chips de Intel, y que provocaba una brecha de seguridad en los sistemas operativos basados en su tecnología que los *hackers* podían aprovechar. Los parches necesarios para proteger los sistemas de Apple y Microsoft podían ralentizar el funcionamiento de los ordenadores más antiguos. Ese mismo mes, *Barron's* decidió apoyar una declaración pública de Intel en la cual afirmaba que sus chips no tenían ningún defecto real y que funcionaban tal como se habían diseñado. Incluso los chips que funcionan correctamente pueden ser vulnerables a los ataques, señalaba la empresa. Aun con esas, AMD ganó un 34 % en enero, frente a un «mero» incremento del 6 % del S&P 500.

A medida que el año avanzaba, AMD siguió subiendo en mitad de rumores de una posible adquisición, y por una de las tesis alcistas más inusuales planteadas en 2018... o seguramente en cualquier otro año. El analista de Jefferies, Mark Lipacis, ya mencionado en esta crónica, destacó el inminente estreno de la película *Ready Player One* (2018), dirigida por Steven Spielberg. Todos los personajes de la película viven en un mundo de realidad virtual o escapan hacia él. Si la película era un éxito de taquilla, teorizaba Lipacis, podría producirse una enorme demanda de gafas para realidad virtual. Estos dispositivos necesitaban las GPU de alto rendimiento que fabricaban Advanced Micro y Nvidia. En el mundo terrenal, la mejora del perfil crediticio de Advanced Micro obtuvo un merecido reconocimiento con la mejora de la calificación otorgada por Moody's y Standard & Poor's.

En junio, AMD volvió a subir a expensas de las desgracias de su rival, Intel, que se vio obligada a posponer el lanzamiento de un proceso de fabricación más avanzado hasta el año 2019. Esto concedió a Advanced Micro la oportunidad de ganar ventaja en los mercados de los ordenadores personales de alto rendimiento y los centros de datos. Al mismo tiempo, Advanced Micro estaba bien posicionada para ganar cuota de mercado con las tarjetas gráficas de gama básica y las unidades centrales de procesamiento (CPU). Los fabricantes de ordenadores personales necesitaban un poco de ayuda con los altos costes de los componentes, y los chips que ofrecía Advanced Micro eran más baratos que los de Intel y Nvidia, aunque su rendimiento no siempre fuera comparable.

Las perspectivas de futuro de Advanced Micro no sólo eran brillantes, sino que los resultados económicos del presente hacían sonar fuerte la campana. Los beneficios del segundo trimestre marcaron un máximo en los últimos siete años, lo que puso en serios aprietos a los bajistas que acechaban a AMD. El sitio web *TheStreet* dijo que AMD «era uno de los valores más excitantes del planeta». Las acciones se dispararon un 37 % en agosto, a costa de los nuevos problemas de Intel. El 4 de septiembre, el analista Lipacis proclamó que, posiblemente por primera vez en la historia, AMD estaba a punto de «comercializar una unidad de microprocesador de servidor con una densidad de transistores más elevada que Intel». Diez días después, AMD llegó a su precio máximo de 2017; una subida del 218 % desde comienzos de año.

Los beneficios acumulados hasta ese momento permitieron a AMD ocupar el primer puesto del S&P durante todo el año 2017, a pesar de perder el 44 % de su valor en los meses restantes. Aquel descenso tuvo varias causas. Los precios de las criptomonedas cayeron en picado y, con ellos, la rentabilidad de utilizar unidades de procesamiento gráfico para la minería. Intel informó de que había superado los problemas de fabricación que le habían impedido satisfacer la demanda de sus productos. Además, todo el sector tecnológico recibió un buen golpe, ya que el subíndice del S&P 500 dedicado a las tecnologías de la información se dejó el 18 % de su valor en el cuarto trimestre.

Pero, como siempre, AMD todavía era un faro de esperanza para muchos. Algunos analistas urgían a los inversores a comprar AMD mientras estaba de rebajas, antes de que sorprendiera al mercado con el lanzamiento de su próximo chip de nueva generación. Matthew Ramsay, analista de Cowen, dijo que AMD era su mejor idea para 2019. Incluso después de ganar un 80 % en 2018, los fieles a AMD todavía seguían fascinados.

2019: Advanced Micro Devices (AMD) 148 %

Sí, es correcto. Advanced Micro Devices fue el valor n.º 1 del S&P 500 tanto en 2018 como en 2019. Tampoco le fue mal en 2020, ya que terminó en séptima posición después de estar a punto de duplicar su valor (+99,98 %). Parece claro que pasaba algo especial con el productor de semiconductores. Y no tenía nada que ver con el clásico despegue de una empresa joven, que produce un crecimiento espectacular inalcanzable para los valores más veteranos.

En gran medida, las mismas fuerzas que impulsaron y frenaron a AMD durante 2018 volvieron a influir en el precio de la acción en 2019. La rentabilidad de todo el sector fue un factor favorable y permanente. El Índice de Semiconductores de la Bolsa de Filadelfia subía un trimestre tras otro, y a finales de año acumulaba un ascenso del 33 %. Por su parte, la tendencia de los precios de las criptomonedas estuvo menos presente —y también fue menos influyente— en el relato de los acontecimientos que afectaron a AMD en 2019. El bitcoin se triplicó en el primer trimestre, para después dejarse en el camino un gran porcentaje de aquellas ganancias, hasta terminar el año con una subida total del 75 %.

Pero el factor más importante del sensacional ascenso de AMD en 2019 fue el éxito de los nuevos productos. Scott Van Voorhis, de *TheStreet*, destacó el buen momento de la empresa en el mercado de los servidores, la ventaja tecnológica con las unidades centrales de procesamiento (CPU) y una creciente competitividad con las unidades de procesamiento gráfico (GPU). Mark Lipacis, de Jefferies, afirmaba que sus contactos en el sector señalaban la posibilidad de que Advanced Micro pudiera ganar una cuota de mercado muy significativa con los ordenadores personales y los centros de datos.

En mayo, AMD superó a todos los valores del S&P 500 cuando Cowen anunció que las nuevas CPU para servidores y ordenadores de sobremesa «se habían ganado al público» durante una feria del sector en Taipéi (Taiwán). Standard & Poor's reafirmó la mejora de la situación crediticia de Advanced Micro con una nueva subida de la puntuación. La agencia de calificación de riesgos dijo que el potente catálogo de productos de la empresa facilitaría nuevas conquistas de la cuota de mercado con las CPU, lo que a su vez permitiría futuras reducciones del apalancamiento financiero.

A mediados de marzo, AMD se disparó después de un informe que anunciaba una gran victoria de diseño en el servicio de *streaming*-videojuegos de Google. Los analistas se quedaron desconcertados al ver cómo la acción subía un 12 % en una sola sesión, ya que el informe no incluía información realmente nueva para el mercado. La CEO de Advanced Micro, Lisa Su, dijo en enero, en una feria del sector, que la CPU de la empresa formaría parte del nuevo proyecto de Google dedicado a los videojuegos. Volvió a repetir la misma idea durante una presentación de resultados unas pocas semanas después.

Quizá fuera sólo un ejemplo más de lo que ocurre cuando los inversores se suben al carro. Antes de que llegara la «noticia» de Google, AMD había subido un 26 % desde el nivel de cierre de 2018, lo cual duplicaba el incremento del 13 % del S&P 500 durante el mismo período. En medio de aquel ambiente, cualquier cosa que pudiera parecer una buena noticia era una razón más para comprar. Los inversores que se tomaban su tiempo para descubrir si había algo nuevo y desconocido hasta entonces se arriesgaban a perder la próxima subida.

Por cierto, los inversores veían a la CEO Lisa Su como uno de los ingredientes fundamentales del creciente éxito empresarial de Advanced Micro. Pimm Fox, de Bloomberg, se vio obligado a matizar una noticia en la que había anunciado que las empresas con mujeres CEO superaban la rentabilidad de las dirigidas por hombres; un 20,7 % frente al 8,5 %. La subida del 175 % registrada por la AMD de Lisa

Su durante el período incluido en el estudio había distorsionado la estadística. A principios de agosto, AMD cayó en picado después de que el blog de tecnología *Wccftech* afirmara que Lisa Su estaba considerando la posibilidad de convertirse en la n.º 2 de IBM. Las acciones rebotaron cuando Su dijo que la noticia incluía «cero verdades».

Advanced Micro seguía acumulando victorias empresariales. AMD volvió a subir cuando la empresa firmó una alianza estratégica con Samsung para varios años. Según el acuerdo, el gigante de la electrónica pagaría licencias y *royalties* por el uso de la tecnología gráfica de Advanced Micro en el desarrollo de su propiedad intelectual con los gráficos de ultrabajo consumo y alto rendimiento para móviles. AMD subió de nuevo tras la noticia de que la empresa sería el principal proveedor de chips para la próxima consola de videojuegos de Microsoft. Advanced Micro también anunció nuevas alianzas con dos de los principales productores de tecnología de cadena de bloques (*blockchain*).

El analista del Susquehanna Financial Group, Christopher Rolland, anunció que, según una encuesta realizada por su empresa entre más de 2.000 usuarios de ordenadores de sobremesa, la cuota de mercado de Advanced Micro en esta línea de producto era del 20 % en el tercer trimestre. Significaba un nuevo aumento, desde el 19 % del segundo trimestre y el 17 % de 2018. Mark Lipacis, de Jefferies, declaró entusiasmado que la empresa estaba cumpliendo su promesa de ganar cuota de mercado, como demostraba el crecimiento trimestral del 50 % en el sector de los servidores, frente al 28 % de Intel. Como en 2018, Advanced Micro aprovechó un nuevo problema de Intel. Wells Fargo declaró, según un informe de la web de noticias *SemiAccurate* y los controles del propio sector, que Intel podría sufrir nuevos retrasos en la producción del procesador escalable Lake Xeon de 10 nanómetros.

Un nanómetro es una milmillonésima parte de un metro. Para que puedas hacerte una idea de lo diminuto que es, un folio de papel tiene un grosor de 100.000 nanómetros. Un nanómetro es la longitud que crecen las uñas en un segundo. Los nanómetros predominan en el mundo de los semiconductores, ya que los procesos de fabricación que producen chips más pequeños suelen dar como resultado procesadores más rápidos y eficientes desde un punto de vista energético. Según Rolland, el analista de Susquehanna, AMD había presentado un chip de siete nanómetros que estaba ganando cuota de mercado, en especial frente a los chips de 14 nanómetros de Intel.

Hubo una última noticia que tuvo su importancia para que AMD se convirtiera en la acción n.º 1 del S&P 500 en 2019, en este caso relacionada con las relaciones comerciales entre China y Estados Unidos, que habían sido un lastre para los valores del sector de los semiconductores en 2018. Aquel problema continuaba ejerciendo una influencia negativa en 2019. AMD cayó en picado a finales de junio, cuando la Oficina de Industria y Seguridad del Departamento de Comercio de Estados Unidos añadió al socio local de la empresa en China a la lista negra de organizaciones que podían estar actuando en contra de la seguridad nacional o la política exterior. Daniel Ives, analista de Wedbush, dijo que las crecientes tensiones comerciales entre China y Estados Unidos eran «una nube negra que sobrevolaba todo el espacio tecnológico». Pero, en diciembre, el presidente Donald Trump tuiteó que la Fase 1 de un acuerdo comercial con China estaba «MUY cerca». AMD subió tras la noticia, junto con las acciones de Micron Technology y Taiwan Semiconductor.

2020: Tesla (TSLA) 743 %

Tesla ocupa el primer lugar entre las cinco acciones n.º 1 del S&P 500 que este capítulo analiza en detalle. En 2020, sus acciones subieron un increíble 743 %. Cabe destacar que, en el caso de Tesla, el incremento porcentual del precio fue idéntico a sus beneficios totales, ya que el fabricante de vehículos eléctricos (VE) no pagaba dividendos por aquella época.

Para poner en perspectiva el incremento porcentual de TSLA, el S&P 500 necesitó más de 26 años para acumular una ganancia del 745 %, desde los 563,84 puntos del 1 de septiembre de 1995 hasta los 4.766,18 que alcanzó al cerrar el año 2021. TSLA protagonizó una subida equivalente en sólo doce meses. Tener esos registros es mucho más que superar la media. Es darle una paliza de muerte.

Personalmente, pude participar de este espectacular incremento, aunque llegara un poco pronto, gracias al contacto personal con un profesor de innovación y tecnología del INSEAD (Institut Européen d'Administration des Affaires). Las investigaciones de Michaël Bikard no tienen nada que ver con hacer recomendaciones para invertir. Pero mencionó que Tesla era una de las pocas empresas que cumplía con todos los requisitos que los investigadores del sector habían identificado como indicativos del éxito. En 2018, los argumentos para defender que Tesla saldría vencedora dentro de un mercado muy competitivo se basaban en los siguientes puntos:

1. La arquitectura de los vehículos de Tesla difiere de cualquier otro diseño precedente. Resulta extremadamente difícil que las empresas del sector puedan replicar nuevas arquitecturas.
2. Desde el punto de vista de los clientes, la tecnología de Tesla es claramente superior a cualquier otra que la haya precedido.
3. Los tropiezos en la fase de crecimiento son inevitables. Pero también pueden crear mejores oportunidades de compra para la acción.
4. Los coches autónomos van a llegar en poco tiempo. La principal fuente de ventaja competitiva para estos vehículos no es la tecnología, sino los datos.
5. ¿Quién tiene más datos? Tesla. Y por un margen muy muy amplio. Por lo tanto, Tesla debería dominar el sector de los coches autónomos.

Todas estas características ya eran una realidad cuando compré acciones de Tesla en diciembre de 2018. El profesor Bikard había asignado a su tesis un marco temporal de cinco años. Por consiguiente, conservé el valor en mi cartera, hasta que dio unos frutos espectaculares en su sensacional avance de 2020.

Pero, antes de que todo eso ocurriera, TSLA ni siquiera había llegado al nivel del S&P 500 en 2019, un avance del 31 %, ya que «sólo» había conseguido acumular un 26 %. De hecho, TSLA no era todavía un valor del S&P 500. No entró en el índice hasta finales de 2020, justo a tiempo para poder reclamar el título de la acción más rentable del S&P 500.

Tesla aún arrastraba un lastre importante en el momento de entrar en su año de gracia. Las pérdidas durante los dos primeros trimestres de 2019 tuvieron como respuesta unas declaraciones de su CEO, Elon Musk, en las que afirmaba que la empresa volvería a recuperar su anterior rentabilidad.

El 21 de noviembre de 2019, Musk intentó deslumbrar al mercado con la presentación del nuevo producto de Tesla, una camioneta que bautizó como Cybertruck. Musk dijo que su acero era tan resistente que podría soportar los golpes de un mazo sin abollarse. Y añadió que el vehículo venía con un cristal blindado muy difícil de romper.

Por desgracia, la presentación ante el público no salió demasiado bien. Dos golpes propinados con una bola de metal causaron importantes daños en las ventanillas laterales del vehículo. «¡Oh, santo Dios! —exclamó Musk—. Vaya, quizá haya sido demasiado fuerte.» Por suerte, aquel fracaso no enfrió el entusiasmo de los consumidores por el Cybertruck. Unas pocas semanas después, Musk tuiteó que Tesla había recibido 250.000 pedidos.

A pesar de encontrar algunos baches en el camino, Tesla era la única empresa que cumplía todos los requisitos para tener un éxito sensacional según los expertos de aquel estudio sobre emprendimiento. Sin embargo, en 2019 no pudo llegar a lo más alto. ¿Cuál era el ingrediente que faltaba y que no se añadió a la receta hasta comienzos de 2020?

Aquella historia de éxito no empezó a hacerse realidad hasta que Tesla sorprendió al mercado con su presentación de resultados en el tercer trimestre de 2019. Los analistas esperaban un tercer período consecutivo de pérdidas. Pero no fue así. La llegada de beneficios en el tercer trimestre se produjo pese a la rebaja en el precio de venta de su modelo estrella, la berlina Model 3. Tesla atribuyó aquel cambio de tendencia a los mejores fundamentales de la eficiencia operativa.

La mejora operativa de Tesla continuó en el cuarto trimestre. Así que, el 30 de enero de 2020, cuando la empresa anunció que volvía a superar las previsiones de beneficios de los analistas, la acción se disparó un 53 % en el espacio de tres sesiones. La frenética cobertura de las posiciones en corto contribuyó a aquel movimiento explosivo. En aquel momento, TSLA era la acción contra la que se abrían más operaciones en corto de toda la Bolsa estadounidense.

Para poder detectar las acciones que llegarán al n.º 1 en un futuro, me parece muy útil identificar las características que han convertido a TSLA en la joya de la corona del S&P 500 en los últimos 10 años. Para ayudarte en el intento, he organizado la historia de la empresa según los temas que indican los títulos de los apartados que aparecen a continuación.

Las cuestiones mencionadas también estarán presentes en muchos otros valores que investigues más adelante; otras son exclusivas de Tesla. Estas características más singulares no pueden trasladarse con facilidad a la búsqueda de futuros vencedores, pero completan la historia que explica cómo llegó Tesla al n.º 1 en 2020.

Los fundamentales de la empresa

En la primera semana de enero de 2020, Tesla dio un gran salto adelante al iniciar los envíos del Model 3, fabricado en China. Piper Sandler anticipó una subida de TSLA, debido a la posibilidad de replicar en China la buena cuota de mercado que el modelo había alcanzado en Estados Unidos. Colin Rusch, de Oppenheimer, calculó que los productos de Tesla tenían una ventaja competitiva equivalente a tres años de desarrollo.

Pero los competidores de Tesla no se habían quedado de brazos cruzados. General Motors (GM) estaba planeando el lanzamiento de varios VE que, en sus modelos más avanzados, superaban la autonomía de los coches de Tesla. La situación se caldeó un poco más cuando GM cerró un trato para producir la camioneta eléctrica alimentada por pila de hidrógeno de Nikola, a cambio de una participación del 11 % en el accionariado de esta última.

Cuando Tesla anunció los resultados del cuarto trimestre de 2019, las cifras superaron las previsiones de vehículos entregados para todo el año, lo que de repente atrajo todas las miradas. La producción trimestral marcó un nuevo récord. El precio volvió a subir en febrero, cuando Panasonic anunció que la sociedad conjunta que había montado con Tesla para producir baterías obtendría beneficios trimestrales por primera vez.

En el segundo trimestre, Tesla volvió a superar las previsiones de vehículos entregados a pesar de tener que cerrar su única fábrica en territorio estadounidense por la pandemia de la COVID-19. En julio, *Business Insider* anunciaba que la empresa había dejado atrás sus antiguos problemas de producción. (Como señalo a continuación, esas dificultades habían supuesto un gran lastre para el precio de TSLA.)

Tesla aún generó más expectativas cuando programó en septiembre un acto llamado «el Día de la Batería». Patrick Hummel, analista de UBS, duplicó el precio objetivo de la acción. Dijo que la nueva tecnología de baterías de Tesla seguramente consolidaría su ventaja en materia de costes y prestaciones durante varios años. Hummel esperaba que las últimas innovaciones supondrían una mejora de la densidad energética del 50 %, lo que reduciría el coste de la batería en 2.300 dólares por vehículo durante los próximos tres años.

El Día de la Batería, el CEO Musk afirmó que la nueva tecnología de Tesla reducía el coste de las baterías a la mitad y que incrementaba la autonomía de los vehículos un 16 %. Al final, sin embargo, el Día de la Batería se consideró una decepción teniendo en cuenta las expectativas que se habían creado. TSLA se vendía en las rebajas.

Decisiones de los analistas

Ali G, el torpe entrevistador al que da vida el cómico Sacha Baron Cohen, preguntó al antiguo asesor de Seguridad Nacional de Estados Unidos, Brent Scowcroft, si se había planteado alguna vez bombardear Canadá con armas nucleares. Por supuesto, Scowcroft rechazó la idea y dijo que era absurda. Entonces, un entusiasmado Ali G añadió que lo más fascinante de hacerlo iba a ser el factor sorpresa.

El extravagante humor del personaje creado por Cohen depende de que sus entrevistados no se den cuenta de que están siendo engañados por un embaucador, con la simple intención de dejarlos en ridículo. De forma similar a la broma de Ali G, el factor sorpresa puede tener un efecto explosivo en el precio de una acción, aunque todo depende de que exista una amplia divergencia de opiniones al respecto. Si todo el mundo está de acuerdo en que una empresa tiene unos directivos excepcionales, unos productos que serán un éxito asegurado y una capacidad incuestionable para ejecutar un plan de negocio concebido con suma brillantez, no puede haber demasiado margen para el crecimiento cuando la junta consiga su próximo éxito.

Desde este punto de vista, TSLA tenía mucho margen para crecer al comenzar el año 2020. Los analistas no expresaban un entusiasmo unánime, como a menudo suele ocurrir. A principios de año, *Bloomberg News* publicaba muchos más «vender» (15) que «comprar» (11), con 10 «mantener».

No faltaban razones para mostrar cautela con TSLA. Tres accidentes fatales con el sistema Autopilot de conducción autónoma habían sembrado muchas dudas entre los reguladores sobre si la empresa estaba haciendo lo suficiente para garantizar que los conductores mantenían los ojos en la carretera. Tesla había conquistado el 50 % del mercado estadounidense para vehículos de cero emisiones con sus VE, pero los coches de hidrógeno planteaban una posible amenaza competitiva en el futuro. Algunos expertos detectaban riesgos en las baterías de alta densidad que Tesla utilizaba, ya que se componen de materiales muy diferentes a los usados por otros fabricantes de automóviles. Y, durante años, Tesla había tenido serios problemas de producción, que según la opinión pública parecían interesar bastante menos a Elon Musk que los avances tecnológicos.

David Einhorn, de Greenlight Capital, cuestionó la legitimidad de la contabilidad de Tesla, y se preguntaba por qué había tantas cuentas pendientes de pago en una empresa que cobra sus vehículos por adelantado. Francine McKenna escribió en la newsletter dedicada a la contabilidad y la auditoría *The Dig*: «Ningún experto en el sector que sea ajeno a Tesla ha expresado su confianza en que la empresa esté cerca de empezar a desplegar coches sin conductor». En cuanto al rendimiento financiero, JMP Securities expresaba una cierta preocupación por los márgenes brutos que Tesla había publicado en el cuarto trimestre de 2019. Y otra de las objeciones era que Tesla sólo había conseguido publicar beneficios en el primer trimestre de 2020 gracias a la venta de créditos de carbono (que equivalen a una reducción de emisiones a la atmósfera) a otros fabricantes de automóviles.

La fuerte subida del precio de la acción durante diciembre y enero alimentó nuevos recelos. Ben Kallo, analista en Robert W. Baird, señaló que Tesla tenía ahora un valor de mercado superior a Ford y General Motors juntas. A partir de sus criterios de valoración, redujo la recomendación, de «por encima del mercado» a «neutral», y aconsejó a los inversores que recogieran beneficios. CFRA fue un paso más lejos, y rebajó TSLA a «vender».

Un artículo de *Bloomberg News* elaborado por Ye Xie explicaba que, si Tesla formara parte del S&P 500 en aquel momento, sería una de las diez acciones con mayor sobreprecio del índice, según una métrica técnica conocida como «indicador de fuerza relativa». Un titular del *Financial Times* rezaba: «Tesla está loca. ¿Se la pegará?». El expresidente ejecutivo del Templeton Emerging Markets Group, Mark Mobius, dijo que la acción de Tesla era un «pagaré» y atribuía su subida a la «pura especulación». Dijo que la valoración de TSLA estaba «en niveles disparatados».

Los estrategas de Citigroup incluyeron a TSLA entre las «valoraciones surrealistas» que había provocado la imparable subida de las acciones tecnológicas. El analista de Cowen, Jeffrey Osborne, dijo que la valoración de TSLA estaba «en Marte», pero volvió a subir un 4 % el precio objetivo del valor mientras mantenía su recomendación «por debajo del mercado». Cuando Tesla superó las previsiones de entregas en el segundo trimestre, el analista de RBC Capital Markets, Joe Spak, calculó que el mercado estaba aplicando un astronómico múltiplo de 47,5 veces a ese aumento de las ventas que señalaba la cifra de vehículos comercializados.

Hacia finales de año, Ryan Brinkman, desde J. P. Morgan, presentó nuevos y reveladores datos que indicaban la espectacular sobrevaloración que afectaba al valor. En aquel momento, el precio de TSLA estaba a 1.325 veces el BPA de los últimos 12 meses, 291 veces las previsiones de consenso para 2020 y 175 veces las estimaciones de los siguientes 12 meses. Por supuesto, los inversores que conocían otras métricas alternativas podrían haber pensado que estas cifras tan extravagantes eran la confirmación definitiva de las tesis de Joel Stern; o sea, que los beneficios por acción no sirven para nada.

A finales de enero, las recomendaciones de venta de TSLA superaban a las compras por 17 a 9. Pero al mercado le daba igual. TSLA siguió subiendo.

Los analistas mejor predispuestos hacia las acciones de TSLA decidieron seguir el ritmo del mercado e incrementaron el precio objetivo. Las revisiones publicadas en el mes de enero incluían subidas del 31 % en Piper Sandler, 40 % en Argus Research, 40 % en Jefferies, 57 % en Deutsche Bank, 59 % en Oppenheimer, 70 % en Credit Suisse y 125 % en Sanford C. Bernstein. Morgan Stanley subió su precio objetivo un 44 %, mientras seguía recomendando la venta de TSLA.

Canaccord Genuity subió el precio objetivo un 37 % el 2 de enero, lo que situaba a la firma en segunda posición, sólo por detrás de New Street Research, en sus cálculos sobre la subida de TSLA. La optimista revisión del precio efectuada por Canaccord Genuity, dijo *Business Insider*, implicaba que la firma esperaba una revalorización de la acción de un sorprendente 23 % en 2020. El cambio real del precio a finales de año fue de +743 %.

Esta espectacular cifra no resta valor al concienzudo

trabajo y al sólido análisis que seguramente llevaría a cabo Canaccord Genuity en su revisión del precio objetivo. Un repunte del 23 % durante un año en que el precio del índice S&P 500 sube un 16 %, por ejemplo, habría sido un excelente resultado. Ese escenario habría garantizado al equipo de investigación de Canaccord Genuity un merecido aplauso.

Pero alguien que quisiera elegir el mejor valor de 2020 no habría empezado a seguir a TSLA por un precio objetivo que «sólo» estaba un 23 % por encima del nivel anterior. Al fin y al cabo, los cambios en el precio de las mejores acciones de los tres años anteriores oscilaban entre un +80 % y un +148 %. (Recordemos que estas cifras eran idénticas a los beneficios totales de las empresas si no se pagaban dividendos.) La moraleja es que el análisis de valores puede ofrecer reflexiones muy interesantes sobre las operaciones y las perspectivas de futuro de las empresas, pero estudiar los precios objetivos que publican los analistas no es un método fiable para detectar el próximo valor que encabezará el índice.

En el caso de Tesla, la comparación antes mencionada entre su capitalización bursátil y la de Ford y General Motors combinadas fue un verdadero jarro de agua fría para muchos analistas, así como para muchos inversores. Al fin y al cabo, esos dos grandes titanes de la industria multiplicaban por bastante el número de vehículos vendidos por Tesla. Por definición, ¿los mayores fabricantes del sector no valían mucho más que los actores secundarios?

Pero, como afirmaba Elizabeth Knight en un artículo del *Sidney Morning Herald*, esa forma de ver las cosas no comprendía la idea más importante. El artículo decía que el sector del automóvil se encontraba en medio de una transformación radical. De modo similar, un analista de Morgan Stanley, Adam Jonas, explicaba que la espectacular revalorización de TSLA coincidía con varias fuerzas que estaban acelerando el final de la edad «*ICE*»[30] (un juego de palabras con las iniciales en inglés de *internal combustion engines* ['motor de combustión interna']). Ross Gerber, del accionista de TSLA Gerber Kawasaki Wealth and Investment Management, defendía que Tesla no debía valorarse como un fabricante de automóviles, sino como una empresa tecnológica.

En febrero de 2020, Sundial Capital Research señalaba la feliz circunstancia de que la subida de TSLA, del 396 % durante los últimos 8 meses, no estuviera a la altura de la «verdaderamente demente» revalorización del 557 % de Qualcomm durante un período similar, hasta llegar a máximos en enero de 2020. Jim Cramer, de la CBNC, dijo que ni siquiera estaba convencido de que TSLA fuera un valor. En su opinión, le parecía que era «algo completamente diferente, como una nueva especie descubierta en medio de la selva».

TSLA subió con fuerza en la segunda mitad del año, después de aplicar un *split* de acciones de 5 por 1 y presentar un plan para vender otros 5.000 millones de dólares en nuevos títulos. Inevitablemente, todo aquel alboroto causó una nueva ronda de correcciones de los precios objetivos

30. O edad de la glaciación; *ICE* por «hielo», las siglas de «*internal combustion engine*». *(N. del t.)*

que presentaban los analistas. Dan Ives, de Wedbush Securities, subió su objetivo un 44 %, a pesar de que la recomendación continuaba siendo «neutral». Joseph Spak, de RBC Capital, subió un 71 % su precio objetivo mientras seguía diciendo que el valor «estaría por debajo del mercado», y describía la calidad y el servicio de Tesla como «por debajo de la media». Superando a todos los anteriores, Adam Jonas, de Morgan Stanley, rebajó la calificación de «igual que el mercado» a «por debajo del mercado», al mismo tiempo que subía el precio objetivo un 30 %. Por otro lado, Philippe Houchois, de Jefferies, seguía recomendando «comprar» mientras duplicaba su precio objetivo. Dijo que la «exuberancia en la valoración de TSLA» estaba justificada, y defendía que el verdadero problema de la valoración de la empresa residía en sus rivales, los fabricantes tradicionales.

Por suerte para los inversores que aún no habían comprado TSLA, la fuerte divergencia de opiniones mantenía las opciones de que hubiera un estrangulamiento de las posiciones cortas. El presidente de JMP Securities, Mark Lehmann, opinaba que resultaba evidente que el valor se había desconectado de los fundamentales. Bill Selesky, de Argus Research, expresó su sorpresa porque, después de haber subido el precio objetivo a doce meses, TSLA estableció una nueva marca sólo un día después. En su opinión, la acción había subido demasiado, y demasiado rápido. TSLA estaba «fuera de control», sostenía. *Alucinante* fue el adjetivo escogido por Toni Sacconaghi, de Sanford C. Bernstein, mientras rebajaba las previsiones de TSLA desde «igual que el mercado» a «por debajo del mercado».

Bloomberg News, según la opinión de que el BPA era la

clave para valorar una acción, anunciaba que, en el caso de TSLA, había una desconexión. A finales de julio, la proyección media de los analistas sobre el BPA ajustado se había reducido unos tres octavos desde el nivel marcado hacía cuatro meses, aunque en el mismo período el precio de la acción se había cuadruplicado. A muy corto plazo, el énfasis de los periodistas en la dudosa métrica BPA parecía estar justificado. TSLA subió después de que la empresa anunciara que había superado la previsión del BPA, mientras en cambio se quedaba corta con el flujo de caja libre. Sin embargo, interpretar la acción del mercado era complicado, ya que la empresa publicó al mismo tiempo que había superado la previsión de vehículos entregados, una cuestión central para los inversores de Tesla, así como la cifra total de ingresos. Sería fácil llegar a la conclusión, a partir de la respuesta intradía a los nuevos datos del BPA, que los beneficios por acción determinan la valoración a largo plazo, en contra de las conclusiones de Joel Stern en 1974. Fácil, sin duda, para todos aquellos que nunca han oído hablar de métricas como las desarrolladas por Bennett Stewart, Valens Research y algunos otros.

Volatilidad del precio

TSLA demostró de forma muy clara el principio de que los valores sólidos y estables no llegan al n.º 1. Su precio se hundió un 61 % desde máximos de mediados de febrero al mínimo anual en el mes de marzo. Mientras el precio de la acción se tambaleaba, los analistas recortaron sus precios objetivos; Wedbush Securities y Canaccord Genuity rebajaron sus predicciones un 43 y un 47 %, respectivamente. A pesar de esas oscilaciones, el valor se las arregló para acumular una subida del 25 % en el primer trimestre.

A finales del segundo trimestre, el precio de TSLA había subido un 199 % desde su mínimo de mediados de marzo. TSLA subió otro 99 % en el tercer trimestre, y un 65 % más en el cuarto. Esos avances llegaron a pesar de una caída del 34 % en las cinco primeras sesiones de septiembre.

Uno de los métodos para cuantificar la volatilidad es calcular la desviación estándar de los precios diarios, como porcentaje del precio medio durante el período. TSLA marcaba un 58 %, por lo que era muchísimo más volátil que el mercado en su conjunto.

Mejora de la calidad del crédito

La calidad del crédito de Tesla iba claramente al alza antes de comienzos de 2020, una señal favorable del futuro rendimiento del valor. La liquidez de la empresa mejoró durante 2019, como señaló Joel Levington de Bloomberg Intelligence. Los inversores en deuda compartían esa visión optimista. La rentabilidad de los bonos de Tesla descendió a finales del año 2019, lo que confirmaba la reducción del riesgo crediticio que el mercado había percibido.

A comienzos de 2020, la empresa anunciaba que tenía 6.300 millones de dólares en efectivo a finales del cuarto trimestre de 2019, cuando sólo tres meses antes la cantidad era inferior a los 1.000 millones de dólares. El flujo de caja había sido positivo en los últimos tres trimestres de 2019. La fortaleza financiera de Tesla siguió mejorando después de que la empresa anunciara un plan para reunir un capital adicional de 2.000 millones de dólares. La empresa informó de dos nuevas ventas de participaciones en el transcurso del mismo año, impermeable a las críticas de que parecía necesitar mucho dinero fresco para estar teóricamente en una etapa tan avanzada. (Para los inversores en renta fija, sin embargo, cuanto más engrosara la empresa su equilibrio patrimonial, mucho mejor.)

Nishit Madlani, analista en S&P Global Ratings, indicó a principios de febrero que sería posible mejorar la calificación de la empresa antes de finales de año. Moody's tomó la iniciativa antes de esa fecha, y mejoró la calificación de Tesla de B3 a B2 en julio. S&P no tardó en seguir sus pasos en octubre con una mejora, de B+ a BB–, que justificaba por la mejora de la liquidez y la competitividad. En diciembre, S&P volvió a mejorar la calificación de Tesla a BB con perspectivas positivas.

La incorporación al S&P 500

Aunque TSLA cumplía de sobra los requisitos para su inclusión en el S&P 500, y más aún según el criterio básico, no pudo incorporarse al índice hasta la recta final de 2020. Antes de recibir el visto bueno, la capitalización bursátil de TSLA ya habría situado la acción entre los diez primeros valores del índice. El principal obstáculo era que Tesla nunca había cumplido con el requisito de encadenar cuatro trimestres consecutivos de rentabilidad según las normas de los PCGA.

A medida que avanzaba 2020, cada vez parecía más probable que Tesla alcanzaría ese hito. La posibilidad de que Tesla se uniera al S&P 500 era una de las razones que esgrimían los alcistas para defender el valor. *Investor's Business Daily* informaba de que, entre los 14 valores agregados al índice hacia finales de octubre, la rentabilidad media era más o menos el doble de la registrada por el S&P durante un período comparable. Esta ventaja en términos de rentabilidad, que TSLA disfrutaría después de su unción definitiva, se atribuía en parte a que los fondos indexados tenían que comprar las acciones de las recién llegadas al S&P 500 para poder seguir replicando el índice de referencia.

Por fin, en el segundo trimestre de 2020, Tesla publicó su cuarto trimestre consecutivo de beneficios. La composición del S&P 500, sin embargo, no se basa únicamente en criterios cuantitativos. Durante su siguiente reunión ordinaria, S&P Dow Jones Indices decepcionó a todo el mundo al decidir que seguía sin incluir a TSLA. La acción reaccionó con su mayor caída en una única sesión.

Pero entonces, en noviembre, cuando TSLA recibió por fin la autorización para unirse al S&P 500 a comienzos de diciembre, la acción subió un 13 % en las operaciones realizadas tras el cierre del mercado. El 21 de diciembre, TSLA se convirtió en la nueva incorporación más grande de la historia del S&P 500, justo a tiempo para postularse como la mejor acción del índice en ese año 2020. TSLA también reemplazó a Occidental Petroleum en el S&P 100, un subgrupo del índice que sigue el rendimiento de las empresas de mayor capitalización de Estados Unidos.

Grandes hitos

Durante 2020, Tesla se convirtió oficialmente en el fabricante estadounidense de automóviles más valioso de todos los tiempos. Mientras sus acciones seguían disparadas, Tesla superó por primera vez a Volkswagen AG por valor de mercado, por lo ya sólo estaba por detrás de Toyota en el escenario global. Después, Tesla superó a Boeing para convertirse en la mayor empresa industrial de Estados Unidos por valor de mercado.

Mientras tanto, Elon Musk adelantó a Bill Gates y se convirtió en la segunda persona más rica del mundo, sólo por detrás de Jeff Bezos. Musk había empezado el año en el puesto 35 de la lista, un claro indicador de la exuberancia del ascenso de TSLA. Con todo, Musk había tenido mucha suerte de que, cuando intentó vender la empresa a Apple durante los peores momentos del programa Model 3, el CEO de esta última, Tim Cook, rechazara mantener siquiera una simple reunión. Desde entonces, TSLA había multiplicado por diez su precio anterior. Para cuadrar el círculo, a finales de 2020, *Investor's Business Daily* informaba de que TSLA había superado a AAPL como el valor más popular entre los inversores *millennials*.

El estilo de liderazgo único de Elon Musk

Elon Musk no acudió como invitado a «Saturday Night Live» hasta 2021, pero en 2020 ya había dejado claro que se diferenciaba mucho del típico CEO corporativo, y en muchos sentidos. Cuando la empresa celebró que su fábrica de Shanghái había empezado a enviar los primeros pedidos, Musk tuiteó un vídeo de 15 segundos grabado durante el acto de presentación en el que aparecía haciendo un baile que imitaba un *striptease*. *Business Insider* describió sus movimientos como «robóticos». El uno de mayo, Musk provocó una caída del 10 % de TSLA después de decir que su precio había subido demasiado.

Cualquier otro líder empresarial se habría sentido profundamente avergonzado después de aquella presentación de 2019 que no salió como estaba previsto, cuando el invencible Cybertruck acabó con numerosas y notables abolladuras. Tesla empezó a comercializar una camiseta «a prueba de balas», a un precio de 45 dólares, con una imagen de un cristal roto en la parte delantera y el logo del Cybertruck en la trasera.

Musk volvió a exhibir su peculiar sentido del humor cuando anunció una rebaja del precio del buque insignia de la empresa, el Model S. El nuevo precio, 69.420 dólares, combinaba referencias a una postura sexual y al consumo de marihuana. (Cuenta la leyenda que un grupo de adolescentes californianos mantenía un ritual que consistía en fumar hierba cada día a las 4.20 horas de la tarde; y, así, el 20 de abril se acabó convirtiendo en el día de la marihuana.) Cuando el CEO de Axel Springer, Mathias Döpfern, le preguntó en una entrevista por qué había expresado el deseo de ser enterrado en Marte, Musk respondió: «Si al final te tienen que enterrar en alguna parte, molaría mucho nacer en la Tierra y morir en Marte..., pero no en el impacto».[31]

Sin ningún reparo para expresar sus opiniones sobre prácticamente cualquier tema, Musk reclamó la fragmentación de Amazon. Crítico decidido de las políticas públicas en respuesta a la pandemia de la COVID-19 (describió la cuarentena ordenada por el gobierno como «fascista»), Musk expresó su indignación por el caso de un escritor que denunció la eliminación de su libro sobre el tema en la tienda de Amazon. Musk llegó a calificar al fundador de Amazon de «copión» cuando el gigante del comercio electrónico adquirió la *start-up* de vehículos autónomos Zoox.

Por otro lado, Musk se enzarzó en una pelea en Twitter con un exsecretario de Trabajo de Estados Unidos. Robert Reich lo calificó como «un magnate ladrón de los tiempos modernos». Musk, que siempre ha mostrado una tenaz resistencia a la presencia de sindicatos en sus empresas, respondió llamando a Reich «un imbécil de los tiempos modernos». Bill Gates se convirtió en el protagonista de otras de sus batallas verbales cuando opinó que la electricidad «probablemente nunca será una solución práctica para cosas como los grandes tráileres, los barcos mercantes y los

31. Döpfner, Mathias, «Elon Musk reveals Tesla's plan to be at the forefront of a self-driving car revolution — And why he wants to be buried on Mars», *Business Insider*, 5 de diciembre de 2020, <https://www.businessinsider.com/elon-musk-interview-axel-springer-tesla-accelerate-advent-of-sustainable-energy?op=1>.

aviones de pasajeros». Musk respondió que Gates no tenía ni idea.

Tanto si te gusta como si lo detestas, Elon Musk ha contribuido a reforzar la fidelidad a la marca Tesla con su arrolladora personalidad. A finales de 2020, la empresa puso en marcha una nueva línea de negocio con la comercialización de una edición limitada de Tesla Tequila. El inventario se agotó en cuestión de horas, y las botellas vacías con forma de rayo que se vendían en eBay atrajeron pujas superiores a los 700 dólares. (Una se vendió por 1.420,69 dólares, en una reformulación de la broma de Musk con la rebaja de precio del Model S.) Tener un CEO del estilo de Elon Musk no es en ningún caso un prerrequisito para obtener la distinción de ser la acción n.º 1 del S&P 500. Pero los miembros de ese exclusivo club tienden a destacar entre sus homólogos menos exitosos, de una forma u otra.

2021: Devon Energy (DVN) +196 %

A primera vista, no hay ningún misterio detrás del ascenso de Devon Energy (DVN), una empresa dedicada a la exploración y explotación de yacimientos de gas y petróleo (*exploration and production*, E&P), desde el puesto 481 del S&P 500 en 2020 —por variación del precio— hasta ocupar el n.º 1 en 2021. El precio del crudo (West Texas Intermediate) cayó un 20,5 % en 2020, cuando Arabia Saudí decidió incrementar la producción. El país líder de la OPEP esperaba reducir la competencia y destrozar a los productores de petróleo de esquisto de Estados Unidos. Pero, en 2021, el precio del crudo se disparó un 81 %. Como resultado de esa violenta oscilación de los precios, Devon Energy fue la gran perdedora del S&P 500 un año, y la gran ganadora del índice en el año siguiente. Visto lo visto, para poder detectar que DVN sería la gran ganadora de 2021 sólo había que predecir correctamente el espectacular repunte del precio del crudo. Algo que es mucho más fácil de decir que de hacer.

Sin embargo, otras empresas energéticas que también pudieron beneficiarse del precio de la materia prima no consiguieron superar a los 499 valores restantes del S&P 500 en 2021. Devon Energy debía, por lo tanto, poseer algunas características singulares. Y así era, de hecho. Unos rasgos que se parecen mucho a los ingredientes especiales que también tenían el resto de las acciones n.º 1.

Para ser claros, nunca esperes que una empresa E&P genere una rentabilidad excepcional sin una fuerte subida de los precios de la energía. Algo que sólo ocurre de vez en cuando en el volátil mercado del petróleo y del gas. En el 20 % de los años transcurridos entre 2007 y 2021, el sector de la energía fue el más rentable de los once que están representados en el S&P 500. Así pues, además de elegir a tu candidato al n.º 1, no es mala idea tener como mínimo un valor en cartera que esté bien posicionado para beneficiarse de un repunte de los precios del petróleo y del gas.

En los días más oscuros de 2020, Devon destacaba entre el grupo E&P por una serie de razones. En primer lugar, hay que mencionar las ventajas asociadas a ser un productor de bajo coste; en segundo, un balance muy sólido en comparación con otras empresas semejantes, en un sector que depende mucho del dinero prestado. Devon amplió ambas ventajas antes del repunte de los precios del petróleo en 2021. Pero, en aquel año de gracia, lo que de verdad diferenció a la empresa de sus competidores fue el cambio en la estrategia operativa y financiera de la dirección, adoptado hacia finales de 2020, al mismo tiempo que se cerraba una fusión.

En los últimos compases de 2020, los seguidores de Devon señalaron que la empresa había vendido las instalaciones que ofrecían una menor rentabilidad y tenían un período de amortización más largo, con la idea de reinvertir el capital en operaciones más prometedoras con el petróleo de esquisto y financiar recompras de acciones. Este cambio estratégico estaba relacionado con una demanda cada vez más presente entre los inversores del sector energético, que reclamaban mejoras a corto plazo en la rentabilidad financiera (ROE). Devon no fue la única que respondió a esa demanda, pero la percepción general era que estaba muy por delante de muchos de sus competidores en la adopción de nuevas tecnologías de perforación más eficientes.[32]

En cuanto al inmaculado balance de Devon, los analistas consideraban que ofrecía a la empresa una posición ventajosa para adquirir nuevas prospecciones en tiempos difíciles. Devon empezó 2020 con 1.800 millones de dólares en efectivo y una línea de crédito de 3.000 millones, aún

32. Custer, Talon; y Piazza, Vincent G., «Devon Energy: company outlook», Bloomberg Intelligence, 2 de enero de 2020.

por utilizar. Sin vencimientos de deuda hasta 2025, Devon tenía una flexibilidad financiera excepcional, lo que le permitía seguir apretando para mejorar la eficiencia operativa.

El 2 de enero de 2020, Talon Custer y Vincent G. Piazza, de Bloomberg Intelligence, citaron todos estos factores en un informe que celebraba la «Nueva Devon». Destacaron el flujo de caja libre (la clave de la valoración de acciones, recordemos, según Joel Stern) que se había generado con las actividades de la empresa en Eagle Ford (Texas) y sus yacimientos de petróleo de esquisto. Custer y Piazza también destacaban que el compromiso de la dirección con la obtención de beneficios para los accionistas incluía sustanciales recompras de acciones.

Las buenas perspectivas de Devon mejoraron todavía más mientras 2020 se acercaba a su fin. La dirección orquestó una fusión con WPX Energy, en la que Devon sería la empresa matriz. El acuerdo incluía nuevos yacimientos relativamente cercanos, lo que facilitaba la mejora de la eficiencia operativa, que se acumulaba a la ya conseguida. La combinación de ambas empresas también aprovechaba las economías de escala, ya que eliminaba redundancias en los costes de estructura.

En lugar de pedir dinero prestado para adquirir WPX, Devon negoció un intercambio acción-por-acción por el que pagó una prima muy modesta sobre el precio anterior de WPX. El acuerdo también incorporaba al balance la deuda de WPX, pero, aun así, Moody's mejoró la puntuación crediticia de Devon, de «estable» a «positiva». La agencia de calificación citaba los planes de la empresa para reducir la carga de deuda añadida.

Mientras organizaba la adquisición de WPX, Devon inauguró una nueva política de dividendos que fue la primera en su estilo dentro del sector energético. Junto con un dividendo trimestral fijo, DVN pagaría a los accionistas el 50 % del flujo de caja libre que quedara después de cubrir esa cantidad. Aquella innovación diferenciaba aún más a Devon de sus semejantes, ya que ofrecía a los accionistas una excelente rentabilidad por dividendos.

Cabe destacar que este método revolucionario —aunque sencillo— significó un cambio radical con respecto al tradicional funcionamiento de las empresas E&P. La práctica estandarizada era responder a las subidas de los precios del gas y del petróleo con una repentina inyección de dinero extra para aumentar la producción. ¿Por qué no aprovechar al máximo los precios altos, pensaban los directivos, si tenemos más petróleo y gas para vender? Por desgracia, al incrementar la producción, las empresas aumentaban la oferta mientras la demanda permanecía constante, lo que forzaba una bajada de los precios. En consecuencia, los dólares invertidos en aumentar la producción generaban unos beneficios bastante mediocres.

Una de las alternativas a invertir aquel dinero caído del cielo por el repentino incremento de los precios habría sido repartir los beneficios entre los accionistas con un aumento del dividendo. El problema de este enfoque es que, como los beneficios E&P son muy volátiles, las grandes subidas del dividendo siempre acaban siendo insostenibles. Uno o dos años después, la empresa tendría que recortar la retribución, lo que convertiría el valor en un paria para los inversores.

Devon consiguió salir de la ratonera con la partición del dividendo en un componente fijo y otro variable. Los extraordinarios dividendos que pagaba durante un año explosivo volvían a un nivel mucho más normal con el retroceso de los precios de la energía. Mientras la dirección pudiera explicar el plan con claridad, los inversores no darían la espalda al valor cuando recortara el dividendo.

Siempre que la empresa siguiera creciendo, podría subir la parte fija del dividendo a un ritmo sostenible. A menos que sufriera un contratiempo permanente, la nueva política ofrecería a los inversores la comodidad de disponer de una remuneración que siempre estaría dentro de un nivel de mínimos. Para los inversores que prefieren recuperar cualquier incremento temporal de los beneficios, en lugar de ver cómo la empresa los invierte en una medida condenada a generar una baja rentabilidad financiera, Devon Energy era la única jugada a tener en cuenta.

En definitiva, DVN destacaba entre el grupo de las empresas E&P. Estaba muy bien posicionada para beneficiarse de un repunte de los precios del petróleo. Y, como ya he señalado, en 2021 los precios estaban planeando una venganza. Estaba claro que Arabia Saudí había fracasado en su intento de provocar la extinción del sector del petróleo de esquisto estadounidense inundando el mercado con sus reservas.

Los valores energéticos subieron muchísimo, pero DVN fue aún más lejos que las demás; y no lo hizo por casualidad. Con la debida antelación, los analistas habían podido detectar las características que convertían DVN en la mejor elección dentro de su grupo. Esas características distintivas eran el bajo coste de la producción, la solidez del balance y la innovación en la política de dividendos.

Los analistas que veían el potencial alcista de DVN prestaron un excelente servicio a los inversores cuando explicaron que la empresa estaba muy bien posicionada si los precios de la energía subían en 2021. En algunos casos, los precios objetivos que publicaron a comienzos de año también fueron un buen consejo. Entre los analistas encuestados por Capital IQ, algunos hablaban de un movimiento del precio muy considerable, de un 137 % incluso. Al final, esta predicción se quedó corta en comparación con la subida del 196 % que DVN registró en 2021, pero los alcistas habían llegado a la conclusión correcta.

Otros analistas abrieron el año con unos precios objetivos que estaban por debajo del nivel marcado por DVN al cerrar el ejercicio. Esos dictámenes proporcionaron la divergencia de opiniones imprescindible para que las predicciones más optimistas se hicieran realidad y empujaran el valor al alza. Pero, independientemente de los distintos puntos de partida, los analistas siempre tuvieron la oportunidad de subir los precios objetivos cuando los acontecimientos demostraron ser mucho más favorables de lo que habían previsto.

Muchos cambiaron de rumbo y subieron los precios objetivos. No hay nada que reprocharles. Los analistas sirven mejor a los inversores cuando modifican sus puntos de vista ante un cambio de las condiciones objetivas, en vez de aferrarse obstinados a sus pronósticos iniciales.

Aun así, no habría sido necesario corregir al alza los precios objetivos si los analistas, así como sus colegas dedicados a predecir el comportamiento de las materias primas, hubieran previsto la magnitud de la subida de los precios del crudo West Texas Intermediate (WTI) en 2021. Pero no fueron capaces de verlo. Con el WTI a 48,52 dólares el 31 de diciembre de 2020, los pronósticos publicados por la Bolsa de materias primas New York Mercantile Exchange hablaban de un precio medio de 42 dólares.

Es posible que los analistas se dejaran influir por la caída del 21 % en el precio del WTI, que un año antes estaba a 61,06 dólares. Pero, en vez de registrar nuevos descensos en 2021, el WTI subió un 55 % hasta llegar a 75,21 dólares. Según la predicción de consenso, nadie había previsto que DVN encabezaría el S&P 500 en 2021.

No estoy sugiriendo que los pronosticadores del precio del petróleo fracasaran en su intento de aplicar los métodos aceptados de la forma correcta. La sorpresa de 2021 sólo subrayó la imposibilidad de pronosticar con constancia y precisión los precios del petróleo. Y conseguir uno o dos «grandes aciertos» de forma consecutiva no cuenta. Esos porcentajes de éxito quizá sólo sean fruto de la buena suerte. Sin embargo, acertar una gran oscilación de los precios puede servir para que los medios de comunicación concedan al analista un calificativo del tipo siguiente: «El genio que predijo la última gran oscilación de los precios del petróleo ahora dice que...».

Tiene mucho sentido que el director de una empresa que depende del coste del combustible trate de conseguir los pronósticos de los mejores expertos sobre los futuros precios del petróleo, a partir de la información disponible en el momento. Pero nadie debería confiar en que los analistas lancen una señal de advertencia cuando los precios estén a punto de protagonizar otro ascenso meteórico. En un año cualquiera, la empresa energética mejor posicionada en el S&P 500 puede acabar siendo la gran ganadora del índice, como le pasó a Devon Energy en 2021. Los precios de la energía actúan como un comodín cuando se intenta descubrir la acción n.º 1.

El 16 de febrero, como si se hubiera propuesto confirmar la visión de Joel Stern sobre la irrelevancia del BPA para la valoración de acciones, Devon publicó unos beneficios por debajo de lo previsto en el cuarto trimestre de 2020. Los analistas, los operadores y los medios esperaban las cifras mientras contenían la respiración, aunque en realidad poco importaban en el gran esquema general. Antes de la publicación de los resultados, el valor acumulaba una subida del 26 % desde comienzos de año, y continuó su ascenso a pesar de incumplir las previsiones. J. P. Morgan explicó la subida tras la publicación de resultados como una respuesta a la rápida adopción del nuevo sistema de dividendos, que Devon puso en marcha antes de lo previsto. La empresa dijo que pagaría 0,19 dólares por acción, además de la remuneración habitual de 0,11 dólares.

Meses después, Devon declaró que esperaba tener la mayor rentabilidad por dividendos del índice S&P 500 y que podría considerar la posibilidad de subir el componente fijo en 2022. Además, el consejo de administración autorizó una recompra de acciones por valor de 1.000 millones de dólares hacia finales de 2022. El CEO, Rick Muncrief, dijo que ofrecer el mejor dividendo en su categoría seguía siendo una de las prioridades de Devon, pero que las recompras abrían una nueva vía para devolver valor a los inversores y mejorar los resultados por acción.

Los accionistas recibieron otra buena noticia el 11 de marzo, cuando Devon anunció que amortizaría obligaciones de deuda por valor de 700 millones de dólares antes de las fechas de vencimiento declaradas. Poco después, Moody's mejoró las perspectivas del bono de la empresa, que pasó de «estable» a «positivo». La decisión consolidó la posición de Devon por la mejora de la situación crediticia, un rasgo que compartía con otros valores que antes habían llegado al n.º 1.

Ese mismo año 2021, Standard & Poor's también mejoró sus previsiones a «positivo». Moody's mejoró la calificación de Devon de Ba1 a Baa3. Aquel cambio de calificación aupó a Devon hasta la categoría de grado de inversión. Este tipo de cambio amplía el mercado para los bonos de una empresa, ya que muchos fondos tienen limitada su capacidad para comprar valores de grado especulativo.

Los titulares de la deuda fueron menos entusiastas con la amortización anticipada que Devon llevó a cabo con una importante cantidad de sus obligaciones, y que se repartió en tres emisiones. Una noticia que los tenedores de deuda recibieron con bastante menos alegría. Los precios de amortización estaban bastante por debajo del valor de cotización reciente de los bonos. Según las condiciones de los instrumentos de deuda, los titulares estaban protegidos contra una amortización anticipada, salvo en el caso de que Devon tuviera que obtener capital a través de la venta de acciones con ese propósito. Devon afirmaba que la fusión por acciones con WPX encajaba con esa definición.

La Credit Roundtable, un grupo del sector para los inversores en bonos, expresó su profundo desacuerdo. Instó a sus miembros a que exigieran un lenguaje más preciso en las condiciones de las futuras suscripciones. De otro modo, las empresas podrían aprovecharse del vacío legal con el fin de beneficiar a los accionistas a costa de los tenedores de bonos. Nadie podía cuestionar, sin embargo, que la dirección de Devon estaba trabajando para beneficiar a los accionistas. Los analistas de valores aprobaron la medida con rotundidad, y algunos subieron el precio objetivo entre un 21 % y un 38 % durante el mes de marzo.

Hacia finales de ese mismo mes, el sector de Devon tuvo un golpe de buena suerte. Un buque portacontenedores encalló en el canal de Suez y bloqueó una ruta esencial para el transporte internacional de petróleo. Los precios del crudo, que estaban bajando desde hacía tiempo, de repente cambiaron de dirección, lo que impulsó al alza el precio de los valores energéticos. Este tipo de acontecimientos relacionados con accidentes repentinos son absolutamente imprevisibles a la hora de pronosticar qué valor llegará al n.º 1. Pero los accionistas de las empresas a las que sonríe la fortuna les dan la bienvenida con los brazos abiertos, aunque el resto de la población no siempre sea de la misma opinión.

Durante los meses siguientes, los precios objetivos de los analistas continuaron evolucionando en paralelo a la subida del precio real de las acciones de DVN. Las correcciones al alza suelen proponer cambios del 10-20 %, pero en este caso llegaron incluso a acercarse al 50 % en una única revisión. A comienzos de noviembre, las recomendaciones de compra superaban a las de venta por 26 a 1, con sólo 5 «mantener».

El optimismo de los analistas que usaban el BPA se vio reforzado por una concatenación de resultados que superó las previsiones de los tres últimos trimestres. Las buenas perspectivas del sector alimentaron aún más su entusiasmo. Tras subir la calificación de DVN desde «igual que el mercado» a «por encima del mercado», Stephen Richardson, de Evercore ISI, anunció un «nuevo paradigma» en el sector E&P. Dijo que la energía sería «la punta de lanza» en la reapertura de la negociación, una referencia al esperado repunte de la economía en el momento que dejara atrás la pandemia de la COVID-19. Jim Cramer señaló que DVN era un vehículo mucho más adecuado que las principales empresas petrolíferas para aprovechar la subida del precio del crudo hasta los 100 dólares el barril.

Como suele ocurrir con los precios del petróleo, la actualidad política entró en escena durante el año triunfal de DVN. Justo después de tomar las riendas en Washington D. C., la administración de Biden quiso cumplir con una de sus promesas electorales, que imponía una moratoria de 60 días a la emisión de nuevas autorizaciones para realizar prospecciones de petróleo y gas en territorio federal. Por suerte, el impacto en los potenciales ingresos del sector E&P fue limitado. Como las empresas habían anticipado la medida, se habían dedicado a cerrar acuerdos de este tipo antes de las elecciones de 2020. En junio, el Tribunal de Apelación de Estados Unidos emitió un requerimiento preliminar para levantar la moratoria. Después, en agosto, una vista sobre la cuestión acabó con una sentencia que obligaba a la administración a reanudar el arrendamiento de los derechos de extracción de petróleo y gas en territorio federal.

En resumen, los beneficios totales de DVN en 2021, que auparon el valor hasta el primer puesto del índice, significaron un importante cambio de tendencia. En los meses previos a la fusión de la empresa con WPX, en septiembre de 2020, el valor tenía una de las peores rentabilidades del S&P 500. El repunte de los precios de la energía catapultó todo el sector hasta ponerse en la cabeza del pelotón en 2021, y Devon destacó entre el resto del grupo por un cambio profundo en su filosofía corporativa. La dirección envió un mensaje inequívoco a los inversores: les devolvería el flujo de caja libre a través de un mecanismo de dividendos que incluía una parte fija y otra variable.

3

¡Noticia de última hora! Hay más de 500 valores

Las acciones del S&P 500 son el centro de atención de este libro, pero, más allá del famoso índice, hay todo un mundo de posibilidades. Los valores que aparecen en este capítulo se unieron al S&P 500 entre 2020 y 2021, pero, antes de su incorporación definitiva, su rentabilidad ya superaba la de todas las acciones del índice en el período indicado. Las historias de estos valores ofrecen nuevas pistas a los inversores que quieren probar suerte e identificar con antelación las acciones n.º 1.

El tema de este capítulo también es importante debido al inesperado resultado del año 2020. El valor que al final se hizo con el primer puesto, TSLA, no formaba parte del S&P 500 al comenzar el año. Un 31 de diciembre cualquiera, el campeón del año que viene podría estar esperando su momento entre bastidores, a la espera de una oportunidad para expulsar a alguna empresa del selecto círculo compuesto por el medio millar de valores de alta capitalización de la Bolsa estadounidense.

Vamos a imaginar que detectas un valor muy prometedor que todavía no forma parte del S&P 500 y quieres descubrir si tiene alguna posibilidad de entrar. Standard & Poor's publica unas directrices muy detalladas con los criterios de inclusión, pero las características fundamentales que debes buscar son las siguientes:

1. La empresa debe cumplir unos requisitos mínimos sobre su capitalización en el mercado. En 2022, el mínimo era 14.600 millones de dólares. Con el tiempo, esa cantidad ha ido subiendo y bajando, como en la crisis de 2008. Standard & Poor's reconoce que ha habido trece cambios desde 2007. En cada caso, el umbral que marcaba el nuevo mínimo era equivalente al 0,3 % del nivel del S&P 500 en la fecha del cambio. Ese porcentaje debería ser la regla de oro para determinar si tu candidata tiene alguna posibilidad de entrar en el índice si se produce otro cambio en los requisitos.
2. Un mínimo de un 10 % de todas las acciones de la empresa deben estar incluidas entre los títulos que se negocian en Bolsa. (La dirección y los inversores pre-OPV podrían tener un gran número de acciones no registradas.)
3. Tanto los beneficios trimestrales más recientes de la empresa como la suma de los resultados publicados en los últimos cuatro trimestres deben ser positivos.

Hay que tener muy presente que el comité del índice S&P 500 no se limita a aplicar estas reglas sin otras consideraciones. En 2020, Tesla anunció que encadenaba cuatro trimestres consecutivos en positivo. Muchos inversores esperaban que el valor se incorporara al S&P 500 en la siguiente reunión del comité, pero la autorización definitiva no llegó hasta finales de año.

A continuación encontrarás las historias de algunas empresas que superaron a todos los valores del S&P 500 en los años previos a su inclusión en el índice. Constituyen una aportación de gran utilidad para el próximo capítulo, que trata de sintetizar los rasgos que han caracterizado a los mejores valores.

2017: SolarEdge Technologies (SEDG) 203 %

SolarEdge Technologies compite en el sector de la maquinaria para la energía solar. La compañía israelí es conocida sobre todo por sus optimizadores e inversores solares. Los inversores transforman la corriente continua (*direct current*, DC) producida por las placas solares en la corriente alterna (*alternating current*, AC) que utiliza la red eléctrica. Los optimizadores maximizan la cantidad de energía obtenida por los sistemas de energía solar fotovoltaica.

A finales de 2016, el precio de la acción de SolarEdge estaba un 31 % por debajo del nivel registrado el 25 de marzo de 2015, el día de la Oferta Pública de Venta. Durante ese mismo período de tiempo, en cambio, el S&P 500 había subido un 9 %. Tras una caída del 56 % en 2016, ¿había algún indicio de que un valor ajeno al S&P 500 —por aquel entonces— estuviera a punto de triplicar su precio en 2017, superando a cualquier otra acción del índice?

Sin lugar a dudas, SolarEdge había recibido varios golpes muy duros desde que había empezado a cotizar en Bolsa. Según datos de Bloomberg, tanto el precio del carbón como del gas natural bajaron un 19 % en 2015, lo que redujo la demanda de energía solar. La competencia de los productores chinos de energía solar se estaba intensificando. Además, SolarEdge se veía atrapada en una guerra de precios con su archienemigo, Enphase Energy, mientras la instalación de placas solares en los tejados se ralentizaba.

En noviembre de 2016, el principal comprador de los sistemas fotovoltaicos de SolarEdge, la SolarCity de Elon Musk, anunció que reduciría la instalación de placas. Por si fuera poco, SolarCity señaló que, cuando concluyera la fusión planeada con Tesla, empezaría a fabricar los componentes que hasta entonces compraba a SolarEdge. Mientras se acumulaban los problemas, los inversores tampoco parecían demasiado satisfechos con la concentración del negocio de SolarEdge en un área geográfica concreta, Estados Unidos, y en un gran cliente, SolarCity.

Pero, haciendo honor a su nombre, la empresa tenía una ventaja («*edge*») en el sector de la energía solar: una tecnología superior. En noviembre de 2015, Michael Morosi, analista en Avondale Partners, identificó a SolarEdge como uno de los productores de bajo coste. La empresa poseía un tipo de tecnología, en su opinión, que le permitía reducir los costes, lo cual compensaba la posible pérdida de las subvenciones a las energías renovables. Y, en 2016, SolarEdge lanzó al mercado un nuevo modelo de optimizador/inversor integrado destinado a las viviendas particulares. Pesaba la mitad que su predecesor, tenía una mayor eficiencia y generaba menos calor. Los expertos veían un posible aumento de la demanda de los productos de SolarEdge, en particular en Alemania y Australia.

Aunque el precio de la acción de SolarEdge (SEDG) afrontaba unos fuertes vientos en contra antes de su gran triunfo de 2017, la situación financiera era buena en términos generales. La empresa superó una y otra vez las previsiones de beneficios de los analistas durante los años 2015 y 2016. Asimismo, las empresas de energía solar pudieron respirar un poco en 2016, cuando los precios del carbón y del gas natural volvieron a subir con fuerza, un 75 % y un 59 %, respectivamente. Y, en un dato de naturaleza técnica que podía provocar un movimiento al alza, el número de acciones de SEDG involucradas en operaciones en corto, como porcentaje del total en circulación, marcó un nuevo máximo a finales de 2016.

En 2017, no había garantías de que la suerte de SolarEdge fuera a cambiar. De cualquier otro modo, la acción no se habría marchitado durante años muy por debajo del nivel de la OPV. Sin embargo, la empresa poseía ciertas características que la distinguían de muchas otras que, casi con total seguridad, nunca podrían llegar al n.º 1 de la lista de éxitos.

Por suerte, en 2017 hubo muchas cosas que salieron bien para SolarEdge. Las acciones subieron en febrero después de superar los beneficios previstos, aunque el

BPA ajustado no llegó a las previsiones de consenso de los analistas por unos pocos céntimos. Joseph Osha, analista de JMP Securities, mejoró la calificación del valor, de «igual que el mercado» a «por encima del mercado», y señaló que su competidora Enphase estaba reduciendo sus operaciones. Además, los rumores de que uno de sus rivales chinos, Huawei Technologies, iba a entrar en el mercado de las placas domésticas no se habían confirmado.

En poco tiempo, SolarEdge ya superaba las previsiones del BPA más optimistas. Los sólidos beneficios permitieron a la empresa reforzar el saldo de tesorería. Sin deuda pendiente en el balance, la flexibilidad financiera de la empresa representaba una ventaja sobre sus atribulados competidores. SolarEdge tenía mayor libertad para invertir en el desarrollo de productos y en su expansión geográfica, así como para considerar varias adquisiciones estratégicas.

Los analistas empezaron a mejorar sus recomendaciones y a subir los precios objetivos. Philip Shen, de Roth Capital, subió el suyo un 62,5 % en julio. En noviembre, Carter Driscoll, de B. Riley, aumentó el precio objetivo un 150 % mientras mejoraba la recomendación, de «neutral» o «comprar», y elogiaba la «ejecución casi perfecta» de la dirección. Cuando Colin Rusch, analista en Canaccord Genuity, aumentó el precio objetivo en agosto, señaló que SolarEdge estaba dando a los inversores lo que pedía, con la consiguiente subida de la acción.

Uno de los factores que citaban los analistas para corregir al alza los precios objetivos era el liderazgo tecnológico de SolarEdge. La empresa consolidó su reputación cuando presentó el primer cargador de vehículos eléctricos con un inversor integrado. Un dispositivo propio de nivel 2 complementaba la electricidad que provenía de la red con energía fotovoltaica, y así conseguía que la carga de un vehículo eléctrico fuera siete veces más rápida que con el proceso estandarizado. Los analistas también veían grandes oportunidades de crecimiento para SolarEdge en los sectores comercial e industrial, cuando, en principio, sólo se había centrado en el mercado residencial.

SolarEdge aprovechó las oportunidades que encontró en 2017. Una de las más importantes fue el retraso de Huawei en la comercialización de un optimizador que podía hacer la competencia al de SolarEdge. A finales de julio, los clientes europeos aún no habían recibido el producto, y tampoco estaba claro cuándo empezarían los envíos a Estados Unidos.

Los fabricantes solares de Estados Unidos lograron convencer a la Comisión de Comercio Internacional (International Trade Commission, ITC) de que se veían perjudicados por la competencia exterior. La ITC recomendó al presidente Trump la aplicación de unos aranceles del 30-35 % sobre las placas solares cristalinas. La resolución se consideró menos perjudicial que el peor escenario posible.

Al mismo tiempo, SolarEdge estaba creando sus propias oportunidades. Para encarar el recrudecimiento de la guerra de precios con Enphase, se puso a trabajar para reducir costes. La dirección adoptó una estructura ligera de activos, y externalizó la producción del optimizador eléctrico. De este modo, SolarEdge redujo la carga de capital, lo que mejoraba aún más su flexibilidad financiera.

A finales de noviembre, muchos críticos que habían expresado su escepticismo sobre SEDG se vieron obligados a tirar la toalla. El valor había subido más de un 200 % desde el cierre del año anterior. Vishal Shah, analista del Deutsche Bank, llegó a la conclusión de que el mercado ya había incluido en el precio las perspectivas de una excelente ejecución del plan de negocios, tanto en el segmento solar como en el no-solar. Por consiguiente, rebajó su recomendación para SEDG, de «comprar» a «mantener».

La acción respondió con un descenso del 12 %, el mayor de los últimos 14 meses. Pero recuperó una parte de las pérdidas en diciembre. Al final, SEDG acumuló a lo largo del año una subida del 203 % (idéntica a su rentabilidad total, ya que no pagaba dividendo), que superaba los resultados de los quinientos valores del principal índice de S&P.

2018: Etsy (ETSY) 133 %

Como SolarEdge Technologies, Etsy empezó a cotizar en Bolsa en 2015 y no tardó en observar que el precio de la acción caía en picado. A finales de 2015, los compradores de la OPV acumulaban unas pérdidas del 48 %. La plataforma de venta online de productos *vintage* y hechos a mano veía que las nubes de tormenta se cernían sobre la empresa.

Como muchas otras plataformas dedicadas al comercio minorista, Etsy estaba en problemas por el «efecto Amazon». Con unas ventas que multiplicaban por cuatrocientos las cifras de Etsy en 2017, el King Kong de las ventas por internet tenía los medios para irrumpir en los nichos de mercado de las empresas menos conocidas, y posiblemente quedarse con todo. El mismo año que Etsy empezó a cotizar en Bolsa, Amazon decidió competir contra una empresa mucho más pequeña con el lanzamiento del programa Amazon Handmade.

La posibilidad de que el monstruo de las ventas acabara absorbiendo buena parte de los ingresos de Etsy enfrió el entusiasmo de los analistas por sus acciones. Los críticos mantenían que Etsy sólo era atractiva para un nicho muy concreto de clientes, que suelen comprar de manera ocasional. Tampoco ayudaba que, durante 2015-2016, Etsy sólo hubiera publicado beneficios en un único trimestre.

Los sucesos de 2017, sin embargo, allanaron el terreno para el ascenso de Etsy al primer puesto, que tendría lugar al año siguiente. Varios inversores activistas, con Black-and-White Capital entre los más destacados, empezaron a adquirir grandes participaciones mientras presionaban a la dirección para que introdujera cambios orientados a incrementar el precio de la acción. Cuando TPG Capital y Dragoneer se hicieron con una posición del 8 % y propusieron entablar conversaciones sobre alternativas estratégicas, las acciones de Etsy se dispararon para registrar su mayor subida en nueve meses.

Poco después, la dirección anunció que estaba trabajando con Goldman Sachs en un análisis estratégico. En agosto, *Deal Reporter* dijo que varias firmas de capital privado se habían acercado a Etsy, y que la empresa parecía estar abierta a una posible adquisición. Unos meses antes, Shelly Banjo, de la editorial Bloomberg, había sugerido que Etsy sería una buena opción para eBay. Los rumores de una posible adquisición contribuyeron a la subida del precio de la acción, que recuperó el nivel de la OPV en agosto de 2017.

Además de avivar los rumores de una posible adquisición, los activistas introdujeron cambios radicales en la estructura interna de Etsy. En mayo de 2017, la empresa sustituyó al CEO por un veterano de eBay, Josh Silverman, quien inmediatamente anunció un plan para recortar la plantilla un 8 %. La cifra fue aumentando hasta llegar al 22 % a lo largo del año. Más adelante, Etsy recortaría los gastos en comerciales, consultores y varios programas internos para centrarse en el crecimiento.

La empresa estaba respondiendo a la presión de los inversores para que dejara de gastar como una *start-up* tecnológica y empezara a comportarse como un comerciante minorista. La dirección empezó a confiar mucho más en la tecnología desarrollada por terceras partes, y se alejó de lo que *The Wall Street Journal* había descrito como un «marketing estilo guerrilla» y una «cultura de ingeniería "hágalo-usted-mismo"». Con esta nueva forma de gestionar, también llegaron un nuevo director financiero y un director tecnológico.

El «efecto Amazon» no había desaparecido del todo, pero, a comienzos de 2017, Blake Harper, analista de Loop Capital, declaró que Etsy había conseguido la rara hazaña de eludir la competencia del Goliat de la venta por internet con una fuerte inversión en inteligencia artificial. Con esta iniciativa, Etsy pudo afinar las búsquedas de los compradores y mejorar el listado de los productos con etiquetas mucho más descriptivas. Etsy también tenía *goodwill* con los vendedores, quienes sólo debían pagar una comisión del 3,5 % sobre el precio de venta, más 0,20 dólares por cada producto listado, en comparación con la cuota del 15 % que se llevaba Amazon. Unos meses después, Amazon intentó recrudecer la guerra con el lanzamiento de su Handmade Gift Shop, dirigida a los clientes que sólo suelen comprar en vacaciones y ocasiones especiales. La Handmade Gift Shop ofrecía a los compradores buscar por categorías como «para ella» o «para el bebé», o bien por rango de precios.

Mientras tanto, Etsy mejoraba su situación financiera y publicaba el segundo trimestre de beneficios como empresa cotizada después de junio de 2017. En el tercer trimestre, los ingresos de la empresa superaron las previsiones de los analistas más optimistas, y el BPA arrasó con la cifra de consenso, 0,21 frente a 0,06 dólares. El precio de Etsy se disparó un 21,5 % en diciembre de 2017. Estaba claro que la tendencia había cambiado. Aunque los acontecimientos posteriores, que impulsaron el precio de la acción en 2018, no podían anticiparse del todo, Etsy ya empezaba a parecerse a uno de esos escasos valores que esconden un extraordinario potencial de liderazgo.

Cuando Etsy empezó a hacer realidad aquel potencial, los analistas subieron el precio objetivo. Scott Devitt, de Stifel Nicolaus, subió un tercio el precio objetivo, aunque no cambió su recomendación personal y la dejó en «mantener». Destacaba las «nuevas capacidades de marketing» y la «mejora de la búsqueda y del descubrimiento de productos». En marzo de 2018, el único analista que valoraba a Etsy «por debajo del mercado», Brian Nowak (de Morgan Stanley), reconoció que Etsy se había creado su propio espacio al margen de la competencia que representaba Amazon y que, por consiguiente, era relativamente inmune a las disrupciones provocadas por su gigantesco rival.

También en marzo, Laura Champine, analista de Loop Capital, describía la experiencia previa en eBay del CEO Josh Silverman como una verdadera bendición para introducir nuevas mejoras en la experiencia del usuario. Defendía que era posible obtener más beneficios con la mejora del motor de búsqueda de la plataforma. Hasta entonces, decía Champine, las búsquedas en Etsy eran una cuestión de todo o nada; un éxito o un fracaso absoluto. Era necesario utilizar nuevos filtros para que los compradores no se perdieran entre los 50 millones de artículos que ofrecía la web. Para los inversores, un nuevo cambio positivo era un motivo más para asignar al valor Etsy un elevado múltiplo de los beneficios.

A 1 de junio, Etsy acumulaba una subida del 55 % desde comienzos de año. Aquel mismo mes, la empresa aumentó la tarifa que cobraba a los vendedores, del 3,5 al 5 %. El precio de la acción se disparó un 33 % en junio.

Más adelante, el CEO Silverman anunció que los vendedores no se habían rebelado ante la subida de tarifas. Apenas hubo cambios perceptibles según los indicadores, como la tasa de abandono o los precios de los productos. (Con la subida de tarifas, Etsy también había introducido nuevas herramientas y prestaciones para los vendedores.) Mientras tanto, las iniciativas de la empresa para mejorar la experiencia de los clientes habían logrado aumentar la tasa de repetición de compra, y las nuevas campañas de publicidad habían conseguido que un mayor número de personas utilizara la plataforma por primera vez.

Cada vez había más analistas que seguían el valor, y Etsy continuaba encadenando resultados que superaban todas las previsiones. En el tercer trimestre, la empresa se quedó un poco corta, pero también anunció que el número total de productos vendidos había aumentado por cuarto trimestre consecutivo. Etsy marcó un nuevo máximo histórico. Es más, aquel excepcional rendimiento demostró que no era flor de un día. El valor Etsy entró en el S&P 500 durante el año 2020, y se colocó en el cuarto puesto por volumen de beneficios entre todos los valores del índice.

2019: Enphase Energy (ENPH) 452 %

La última vez que hablamos de Enphase Energy (ENPH) estaba inmersa en una feroz batalla competitiva con otro de los principales productores de microinversores solares para el mercado residencial, SolarEdge, un valor que tuvo una rentabilidad espectacular en 2017. ENPH pasó por un período muy complicado a mediados de la década de 2010, hasta el punto de que, a finales de 2016, el precio de la acción estaba un 83 % por debajo del nivel de la Oferta Pública de Venta. A partir de entonces, el valor duplicó el precio en 2017 y estuvo a punto de volver a doblarlo otra vez en 2018. En comparación con los valores del S&P 500 que aparecen en el capítulo anterior, esa subida del 452 % registrada por ENPH sólo ha sido superada por el +743 % de Tesla el año siguiente.

¿Qué explica una actuación tan espectacular durante un período de tiempo tan largo? ¿Y por qué, después de encadenar de manera consecutiva unos beneficios que rondaban el cien por cien, todavía había gasolina en el depósito para que ENPH tuviera el mejor año de su historia? Como ocurre con otros valores que han llegado a lo más alto, la innovación y las ventajas competitivas fueron los ingredientes clave de la historia.

A comienzos de 2018, los comentaristas daban la bienvenida a los potenciales beneficios que escondían los últimos avances tecnológicos en energía solar. La demanda de inversores solares, como los de Enphase, estaba aumentando debido a un trabalenguas llamado *module-level power electronics* (MLPE, 'sistema electrónico de potencia a nivel modular'). Esta tecnología estaba revolucionando el control y la supervisión del rendimiento de los sistemas. En enero de 2018, Enphase empezó a comercializar la séptima generación de su línea IQ. Era un 19 % más ligera y un 17 % más pequeña que el modelo anterior, mientras que suministraba un 4 % más de electricidad.

Pero traducir las mejoras tecnológicas en unos beneficios excepcionales no era tarea sencilla. La competencia estaba acelerando la reducción de los costes de producción. Para empeorar aún más las cosas, los fabricantes se enfrentaban a una posible disrupción por la llegada de nuevos actores chinos y estadounidenses al mercado. Igual que las acciones de Etsy se habían visto frenadas durante un tiempo por las correrías de Amazon, el King Kong de la venta por internet, SolarEdge y Enphase también se habían sentido amenazadas por un colosal «oso panda» que dominaba el sector, Huawei Technologies. El gigante chino, que ya dominaba en el campo de los inversores para proyectos de escala industrial, empezó a comercializar productos para el mercado residencial, la especialidad de SolarEdge y Enphase, después de acumular un año de retraso.

A comienzos de 2018, una nueva amenaza se cernía sobre el negocio de Enphase con los inversores: los aranceles que Estados Unidos impuso a las placas solares. Enphase no producía placas solares, pero enviaba microinversores a China que se instalaban en los paneles producidos allí, y que después se vendían en Estados Unidos. Debido a las singulares características de la operación, la empresa solicitó quedar exenta del nuevo arancel.

Unos meses después, el gobierno decidió subir los aranceles. El analista del Vertical Group, Gordon Johnson, describió la medida como un «factor negativo adicional» para empresas como Enphase y SolarEdge, que externalizaban la producción o tenían fábricas propias en China. Los fabricantes europeos, que en los últimos tiempos habían mejorado su tecnología, probablemente se beneficiarían de la medida a expensas de estas dos empresas, decía Johnson. Pero, por otro lado, Enphase fue capaz de aprovechar el acuerdo que la convertía en proveedora exclusiva de SunPower, que había conseguido una exención para librarse de los aranceles.

En diciembre de 2018, Enphase respiró aliviada cuando la incursión de Huawei en el mercado estadounidense de las placas solares para tejados tropezó con un gran obstáculo. La directora financiera de Huawei fue detenida en

Canadá por una posible violación de las sanciones comerciales impuestas a Irán desde Estados Unidos. La noticia, que llegó en un momento crítico de las negociaciones comerciales entre China y Estados Unidos, podía significar un fuerte revés para la expansión de Huawei en el mercado residencial. Carter Driscoll, analista en B. Riley Financial, señaló un nuevo obstáculo para las ambiciones de Huawei: como los dispositivos inversores inteligentes están diseñados para funcionar por control remoto, había una cierta inquietud por la posibilidad de que una empresa china fuera capaz de manipular la carga eléctrica de la red de Estados Unidos.

Mientras Huawei debía enfrentarse a todos estos contratiempos, Enphase parecía ganar terreno desde un punto de vista tecnológico frente a su principal competidor, SolarEdge. Uno de los analistas de Williams Research Partners, Brad Meikle, analizó los canales de distribución y señaló que Enphase estaba uno o dos trimestres por delante de SolarEdge en la transición productiva que se estaba llevando a cabo. En un artículo publicado en la página web *Seeking Alpha* en septiembre de 2018, T. J. Roberts afirmó que Enphase era el líder destacado en la tecnología MLPE mencionada unos párrafos atrás. Explicaba que los instaladores solares más veteranos estaban entusiasmados con la octava generación de la línea IQ de Enphase, que ya había salido al mercado por aquel entonces. A diferencia de los productos de la competencia, Enphase podía funcionar sin baterías, por lo que se convertía en una alternativa de bajo coste. La aceptación de la nueva tecnología entre los clientes había requerido cierto tiempo, pero ahora por fin empezaba a alzar el vuelo.

Sólo con los clientes de Enphase en aquel momento, el potencial mercado de los nuevos dispositivos ascendía a cientos de millones de dólares, por lo que la empresa entró en 2019 con grandes oportunidades de crecimiento, las cuales aún no se habían materializado. Las condiciones para disfrutar de un año espectacular seguían mejorando debido al creciente y sustancial aumento de las posiciones en corto sobre ENPH. En parte, este movimiento era consecuencia de la subida del 96 % registrada en 2018, un nivel que muchos inversores consideraban excesivo y precoz.

Los escépticos se equivocaron. En 2019, Enphase aprovechó una oleada de entusiasmo inversor en la energía solar. Durante los diez primeros meses del año, el ETF Invesco Solar (TAN) fue el vehículo de mayor rentabilidad en la categoría de fondos cotizados. Tampoco vino mal que el conjunto del S&P 500 ganara un 29 %, el mayor incremento porcentual en el período de cinco años que establece el marco temporal de este libro. Pero, en el índice S&P y entre los valores relacionados con la energía solar, ENPH dominó sin discusión gracias a la fuerza de los logros obtenidos por la empresa.

Cuando el primer mes del año aún no había concluido, Enphase anunció que había reforzado su posición financiera tras amortizar toda la deuda asociada a los préstamos a plazo. La empresa solía superar todas las expectativas de los analistas, en especial respecto al margen bruto ajustado, una métrica esencial ante la inquietud por las presiones competitivas. Como las acciones de ENPH continuaban subiendo, cada vez había más analistas que seguían el valor, que se benefició además de las correcciones al alza del precio objetivo.

El valor fue capaz de superar magistralmente toda aquella montaña de preocupaciones. Después de que Enphase trasladara una parte de la producción a México, en respuesta al constante aumento de los aranceles a las placas solares chinas, la administración Trump impuso un nuevo gravamen sobre las importaciones que llegaban desde el país vecino. Enphase no podía trasladar el aumento de los costes al precio de sus productos, porque una parte de la competencia tenía fábricas en el Sureste Asiático que no se veían afectadas por los aranceles. Los operadores en corto pusieron a Enphase en el punto de mira, con una serie de declaraciones no confirmadas sobre una acumulación del inventario en los canales de distribución y la noticia de que el gigante energético Generac estaba a punto de entrar en el mercado residencial de placas solares. El director financiero y el CEO de Enphase vendieron una parte de sus acciones, lo cual restó un poco de lustre a la tendencia positiva que reflejaban las compras internas.

Pero estos acontecimientos no impidieron que Enphase superara a todas las acciones del S&P 500 en 2019. El valor obtuvo esa distinción a pesar de perder un 25 % del precio desde el máximo del 21 de agosto. Básicamente, Enphase poseía muchas de las características que llevan a ciertas acciones al primer puesto de la clasificación durante el período cubierto por nuestro análisis.

4

Los secretos de las mejores acciones

Los dos capítulos anteriores describen los pasos que siguieron las acciones n.º 1 del S&P 500, así como otros valores que también obtuvieron una rentabilidad espectacular, para poder acumular unas ganancias que oscilaron entre el 80 % y el 743 %. Pero aún resulta más importante que las páginas anteriores describan las características de esas mismas empresas durante el año anterior a su actuación superlativa. Ahí están los rasgos que hay que buscar para identificar a la acción n.º 1 del año que viene.

A partir de sus historias, este capítulo sintetiza las características esenciales de los n.º 1 del futuro. Entre los elementos esenciales del proceso de búsqueda de la *crème de la crème*, destaca la eliminación de la gran mayoría de los valores del S&P 500 que no encajan con el perfil. A continuación, describiré ciertas categorías estadísticas que te ayudarán a identificar las auténticas candidatas. Estos principios de selección se han extraído de una lista mucho más larga de posibles criterios cuantitativos, que he analizado con la ayuda de John Lee, el responsable de gestionar los datos en este proyecto. Una vez que hayas utilizado esos principios para centrarte en los principales candidatos, podrás pasar a analizar los factores cualitativos que se describen en la segunda parte del capítulo.

Antes de explicar estos criterios de selección, sin embargo, permíteme repetir otra vez una idea fundamental que planteé en el capítulo 1: «Olvídate del análisis convencional». Los analistas de valores proporcionan una información muy valiosa sobre las operaciones de las empresas y su entorno competitivo. Pero su trabajo no tiene el nivel de especialización necesario para intentar predecir la acción más rentable entre los 500 valores de alta capitalización que componen el índice S&P. Si los analistas de valores crean una cartera diversificada que supera la media del mercado, han conseguido destacar en su trabajo. Por tanto, si la rentabilidad del mercado ha sido de un −10 %, y la selección de los analistas marca un −9 %, han hecho un trabajo excelente, al menos para las necesidades de los gestores profesionales.

En ningún caso quiero despreciar la idea de crear una cartera diversificada, con un conjunto de valores que superen la rentabilidad del índice. De hecho, ese objetivo es el que deberías ponerte si quieres gestionar personalmente tu dinero —salvo una minúscula cantidad— con un proceso de selección de acciones concretas. Te ayudará mucho si quieres acumular un buen patrimonio a largo plazo. Pero sólo debes dedicar una porción muy pequeña de tu cartera a tratar de encontrar al próximo n.º 1. Puede servirte para dar salida a tu impulso competitivo, o para divertirte un poco mientras adquieres unos conocimientos muy valiosos para analizar las perspectivas futuras de las empresas.

Algunos valores se parecen mucho a las acciones que llegaron al n.º 1 en el pasado y esconden un gran potencial alcista, siempre que las cosas se desarrollen de la forma esperada. Pero también hay muchas posibilidades de que los acontecimientos más importantes se desarrollen de la forma incorrecta. Si eso ocurre, te alegrarás mucho de no haber destinado una parte importante de tu patrimonio a la búsqueda del n.º 1, incluso si has basado tu elección en un buen número de análisis diligentes.

Para comprender mejor por qué el análisis de valores de los grandes brókeres de la Bolsa no te va a llevar a la acción n.º 1, vamos a detenernos un momento y analizar una de las métricas a la que conceden más importancia: el precio objetivo (PO). Varias fuentes asignan un plazo de doce meses a la mayoría de las previsiones del PO. En ocasiones también se habla de un plazo de dieciocho meses, pero vamos a proceder con la premisa de que un PO a 31 de diciembre es el precio que el analista ha previsto para un valor dentro de un año.

El siguiente caso práctico se basa en la primera de las acciones n.º 1 analizadas en detalle en el capítulo 2: «Aquí tienes sus historias». Digamos que no anima a confiar demasiado en el simple trámite de comprobar los PO de los analistas. A finales de 2016, Bloomberg publicaba las recomendaciones de quince analistas sobre las acciones de NRG Energy. Doce de ellas incluían precios objetivos, que estaban entre 11 y 22 dólares. Si el PO más optimista hubiera acabado coincidiendo con el precio real a finales de 2017, la rentabilidad anual acumulada por el valor habría sido de un 80,5 %. Pero la rentabilidad total aquel año fue del 134 %. (La rentabilidad total no sólo tiene en cuenta el cambio del precio, sino también los dividendos y la reinversión del dividendo.)

Un pronóstico que hablara de una rentabilidad total de 80,5 % apenas te habría advertido de que estabas ante un valor del calibre asociado al primer puesto de la clasificación. La rentabilidad total más baja entre los 10 valores que lideraron el S&P 500 entre 2012 y 2021 fue el 80 % de AMD en 2018. La segunda más baja del grupo fue Southwest Airlines, con un 126 % en 2014. (Véase el prólogo para el listado completo.) Incluso en los dos años en que el precio del S&P 500 bajó en conjunto, 2015 y 2018, la mejor acción del índice duplicó con creces su precio. Es verdad que, en 2008, cuando el S&P 500 cayó un 38,5 %, el mayor descenso porcentual respecto al año anterior desde 1937, la acción n.º 1 del ejercicio, Family Dollar Stores, generó una rentabilidad total de sólo un 38 %. Pero en un año normal, un PO publicado en enero que hable de una rentabilidad total de sólo el 80,5 %, como en el ejemplo de NRG, en realidad no indica que la acción pueda llegar a ser la n.º 1.

La incapacidad para predecir que un valor llegará a duplicar su precio rara vez puede considerarse una tragedia. Alcanzar ese grado de revalorización es el resultado de acontecimientos inesperados, posiblemente impredecibles. Cuando se producen esos acontecimientos imprevistos, los analistas de valores suben sus PO para ponerse a la altura de los logros del valor.

Corregir una opinión cuando los hechos cambian no tiene nada de malo. Por ejemplo, vamos a imaginar que una acción sube porque un contratiempo que afecta a uno de sus grandes competidores crea una oportunidad imprevista para ganar cuota de mercado. El aumento del flujo de caja libre previsto, que se produce como resultado, sin duda justifica desechar el PO anterior.

Pero si los hechos no cambian, tampoco deberían hacerlo la previsión del BPA del analista o el múltiplo PER elegido. Si las perspectivas de la empresa no mejoran y el PER del mercado tampoco aumenta, el PO de los analistas debería permanecer allí donde estaba, incluso si el precio real del valor lo ha superado durante su ascenso. Según los cálculos del analista, los hechos indican que la acción se negocia ahora a un precio que está por encima de su valor justo. Subir el PO en esas circunstancias expone al analista a la merecida crítica de que está más preocupado por no parecer desfasado que por ofrecer a los inversores una orientación sólida. En cualquier caso, un PO a comienzos de año que implica una subida del 50 % o el 75 % en los próximos 12 meses no indica el tipo de rentabilidad que normalmente es necesaria para llegar al n.º 1.

Recuerda, además, que el analista con el PO más alto quizá no se encuentra entre los profesionales que siguen el valor con el mejor historial cuando se trata de elegir acciones. En este caso, quizá te sientas inclinado a pensar que el PO es demasiado optimista, incluso si al final resulta que no lo era tanto. Confiar en el criterio consensuado de los analistas probablemente tampoco sea mano de santo. Piensa un momento en lo siguiente: la mejor acción de todas las que llegaron al n.º 1 entre 2012 y 2021, Tesla (2020), empezó el año con 15 recomendaciones de venta, mientras que sólo tenía 11 de compra, según datos de Bloomberg.

Ante la conclusión de que el análisis fundamental de valores no ofrece ningún atajo para elegir las mejores acciones, pasemos página y estudiemos otros métodos alternativos. Uno de los requisitos básicos para determinar si un factor puede ser útil en la búsqueda del n.º 1 es que los datos deben estar disponibles antes de empezar el año en que el valor ocupará el primer puesto.

Una selección basada en la estadística

La volatilidad del precio de la acción

Los valores que cotizan dentro de un estrecho margen no son los principales candidatos a duplicar su precio en un plazo de 365 días. Algo así sería el equivalente financiero a que un leopardo pierda sus manchas. Por otra parte, un valor que rebota con violencia hacia arriba y hacia abajo podría tener un repunte especialmente fuerte el año que viene. Pero el resultado también podría ser el contrario, y acabar en el último puesto del índice en lugar del primero; un buen motivo para limitar la apuesta a un porcentaje muy pequeño de la cartera.

He trasladado el concepto de esos grandes rebotes a las cifras que aparecen en el gráfico 4.1. Los cálculos necesarios, que he obtenido de una terminal de Bloomberg, también pueden llevarse a cabo en un Excel después de introducir la evolución del precio del valor. Para medir la volatilidad, he obtenido el precio diario del valor durante todo el año anterior a coronarse como el n.º 1. He calculado el promedio simple —o la media— de esos precios. Además, he obtenido la desviación estándar, un elemento básico de la caja de herramientas de un estadístico, que también está disponible en Excel. He dividido la desviación estándar por la media, y después he dibujado en el gráfico el resultado de cada año con una línea continua. La línea de puntos refleja la métrica comparable para la acción n.º 250 de cada año. Puedes ver que, en todos los casos, la acción n.º 1 era más volátil que la n.º 250.

Gráfico 4.1. Volatilidad del precio de la acción n.º 1 frente a la n.º 250 del año anterior

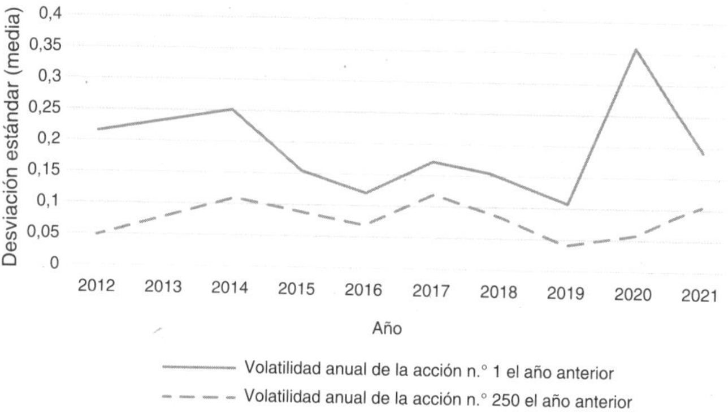

Fuente: Bloomberg L. P.

Para poder utilizar esta herramienta de selección, a continuación dividí la cifra de volatilidad de la acción n.º 1 de cada año por la cifra correspondiente de la n.º 250. La operación produce una ratio que puedes usar para eliminar de la posible selección cualquier acción que sea demasiado regular para registrar algo parecido a una subida del cien por cien en un solo año. Desde 2012 a 2021, esta ratio de la volatilidad varía desde un número tan bajo como el 1,5 de Nvidia, que encabezó el S&P 500 en el año 2016, hasta un máximo de 6,3, marcado por Advanced Micro Devices, la mejor acción de 2019. En 5 de esos valores, la ratio se encontraba dentro del rango del 1,5 al 1,9. En cualquier caso, las acciones con una ratio inferior a 1,5 no son buenas candidatas para ganar la medalla de oro.

Los lectores más avispados, y que tengan cierta experiencia con esta clase de cálculos, señalarán que AMD fue el único valor que se alzó con la victoria en dos años consecutivos, 2018 y 2019. Si la acción sube mucho el primer año que encabeza la clasificación, registrará una volatilidad muy alta, según mis cálculos, incluso si el ascenso sigue una línea recta en lugar de presentar constantes altibajos. Pero, a pesar de que mi ratio pretende reflejar las grandes oscilaciones del precio, tampoco ha dado problemas en el caso de AMD. En 2018, el valor lideró el grupo a pesar de que su precio se hundió un 49 % entre el 14 de septiembre y el 24 de diciembre. Así pues, aunque AMD había ocupado el n.º 1 en 2018, empezó el segundo año en que se alzó con la victoria, 2019, como un valor que cumplía con el requisito de estar sujeto tanto a grandes repuntes como a fuertes descensos del precio.

Dispersión en los pronósticos del BPA

Si el término estadístico *dispersión* no te suena, no pienses que estás a punto de enfrentarte a una página llena de letras griegas y ecuaciones matemáticas. En lenguaje técnico, la palabra sólo describe hasta qué punto están alejados entre sí los números de una serie. Los números de los que estamos hablando ahora equivalen a las previsiones del BPA de los analistas de valores.

Sí, lo sé. Llevo todo el libro restando importancia a los diagnósticos de los analistas de valores para la caza del n.º 1. Pero hay una gran diferencia. Los comentarios despectivos se referían a los objetivos que los analistas tratan de cumplir cuando generan recomendaciones, previsiones de beneficios y precios objetivos. Esta explicación, en cambio, trata de algo que los analistas nunca tuvieron en mente, pero que sin embargo han conseguido hacer realidad. Y esta contribución, realmente útil, no tiene nada que ver con descubrir cuál fue el analista que hizo el mejor trabajo con la tarea asignada. El pronóstico más erróneo y disparatado es tan importante para el proceso como aquel que más se acercó a la cifra real.

Por lo visto, un alto grado de dispersión entre las previsiones del BPA que se publican a comienzos de año es una característica habitual de las acciones n.º 1. He cuantificado este efecto con una recién estrenada estadística llamada «estadística Fridson-Lee». Para calcularla, me fijo en la previsión del BPA más elevada de una acción n.º 1, publicada a finales del año anterior a marcar la mejor rentabilidad del índice. A ese número le resto la previsión más baja. Entonces dividido esa diferencia por la previsión más baja y expreso el resultado como un porcentaje. Aquí tienes un hipotético ejemplo:

Previsión del BPA más alta	2,40 dólares
Previsión del BPA más baja	1,80 dólares
Estadística Fridson-Lee	(2,40 - 1,80) / 1,80
	= 0,60 / 1,80
	= 0,333
	33,3 %

Para poder comparar, he calculado la estadística Fridson-Lee con un valor de la mitad de la tabla; en concreto, la acción que terminó en el puesto 250 el mismo año del ejemplo anterior (véase la tabla 4.1). La última columna de la tabla muestra la diferencia porcentual entre el valor n.º 1 y el n.º 250.

En los 10 años analizados, las previsiones del BPA de la acción n.º 1 mostraban una dispersión bastante más elevada que el valor que acabó en el puesto 250. La diferencia media fue de 33,9 puntos porcentuales. Dos de las estadísticas Fridson-Lee de las acciones n.º 1 superaron el valor de la mitad de la tabla por casi 200 puntos porcentuales.

¿Qué nos dicen estas cifras? Si todas las previsiones del BPA de los analistas se agrupan alrededor de un número, como en la columna del medio de la tabla, significa que existe una opinión cuasi unánime sobre el probable rendimiento operativo de la empresa para el año que viene. Esa clase de valor tiene pocas probabilidades de sorprender a los inversores, tanto por arriba como por abajo.

Tabla 4.1. Estadística Fridson-Lee; comparación del valor n.º 1 y el n.º 250 (en %)

PREVISIONES DEL BPA DE LOS ANALISTAS			
VALOR N.º 1		VALOR N.º 250, AÑO ANTERIOR	
Año	**Máximo-mínimo/mínimo**	**Máximo-mínimo/mínimo**	**Diferencia**
2012	44,4 %	7,3 %	37,2 %
2013	69,6 %	2,2 %	67,3 %
2014	33,6 %	2,9 %	30,6 %
2015	68,8 %	3,2 %	65,6 %
2016	18,4 %	3,7 %	14,7 %
2017	195,7 %	1,9 %	193,8 %
2018	23,3 %	2,2 %	21,0 %
2019	19,0 %	4,0 %	14,9 %
2020	197,0 %	2,2 %	194,8 %
2021	11,7 %	2,2 %	9,5 %
Media	39,0 %	2,6 %	33,9 %

Fuente: Bloomberg L. P.

Cuando comienza el año, todas las cosas importantes que ocurrirán en una empresa se integran en el precio de la acción. Muy probablemente, la rentabilidad del valor estará más o menos en línea con la del mercado.

Para destacar entre el rebaño, una empresa tiene que sorprender a una parte de los inversores activos que determinan dónde se negocian sus acciones. Con una acción n.º 1, los inversores que se llevan una gran sorpresa son aquellos que compartían las perspectivas pesimistas de los analistas con las previsiones del BPA más bajas. Y, como quizá estés a punto de decir, un valor con una estadística Fridson-Lee bastante alta también alberga el potencial de sorprender a los inversores que pensaban que los analistas con las previsiones del BPA más elevadas habían acertado. En este segundo caso, es bastante probable que la acción termine cerca de las últimas posiciones del S&P 500. Ése es el desafío —algunos podrían decir «la gracia»— de intentar comprar un valor antes de que salga disparado hacia la cima del índice.

La conclusión esencial: cuando estudies el S&P 500 para encontrar un posible candidato al n.º 1, elimina de la selección los valores que despiertan una cierta unanimidad entre las predicciones del BPA de los analistas. Esos valores tienen muchas posibilidades de cumplir con las expectativas de los inversores, ni más ni menos. Ésa es la receta que te ofrecerá una rentabilidad media. En el 90 % de los casos que hemos examinado, la estadística Fridson-Lee justo antes del despegue estaba por encima del 18 %, con algunos valores cerca incluso del 200 %. Esas cifras señalan el territorio donde tienes más posibilidades de encontrar el valor n.º 1.

Calificación de los bonos

Esta métrica estadística parece estar fuera de lugar en un libro que trata sobre elegir acciones. Sólo durante mis años en Wall Street escuché alguna vez a un director de investigaciones sobre renta variable referirse a las calificaciones de los bonos. En aquella época, la economía de Estados Unidos se dirigía claramente hacia una recesión. Como imaginaba que las empresas tendrían que encontrarse en una buena situación financiera para poder capear el temporal, el director de investigaciones ordenó a sus analistas restringir las recomendaciones de compra a las compañías con calificaciones de grado de inversión. Esa categoría incluye las puntuaciones que van desde Aaa a Baa3, en Moody's, y desde AAA a BBB–, en el caso de Standard & Poor's. (Una tercera agencia entre las grandes, Fitch Ratings, usa la misma escala que Standard & Poor's.)

La categoría «grado de inversión» incluye en la actualidad a algunas de las empresas más celebradas de Estados Unidos. Alphabet, Amazon, Apple, Meta Platforms, Microsoft y Walmart aparecen con regularidad y ocupan un lugar prominente en la prensa económica. Pero, en cambio, sus acciones no aparecen nunca en el primer puesto del S&P 500. Esas seis empresas superfamosas sólo se colaron una vez entre las cincuenta más rentables durante los años 2012-2021. (Amazon alcanzó la segunda posición en 2015.)

Sólo 1 de las 10 empresas que llegaron al n.º 1 en ese período empezó el año en que llegó a lo más alto con la calificación «grado de inversión». Y la calificación asignada a esa empresa sólo estaba un nivel por encima del grado especulativo (o «basura», según la expresión preferida de los medios). Southwest Airlines tenía un Baa3, según Moody's (véase el gráfico 4.2), y un BBB–, según Standard & Poor's (véase el gráfico 4.3) a comienzos de 2014. Cinco de los diez líderes del índice ni siquiera merecieron la calificación de Moody's.

Estos números nos dicen que, si quieres adivinar el valor del S&P 500 con una rentabilidad total más elevada el año que viene, deberías restringir la búsqueda allí donde las puntuaciones de las agencias de calificación dicen que tienes más probabilidades de encontrar al ganador. Céntrate en las empresas que están por debajo del grado de inversión o, como mucho, en las que están sólo un peldaño por encima de ese nivel.

Gráfico 4.2. Calificación crediticia de las empresas a comienzos del año en que llegaron al n.º 1 (2012-2021), según Moody's

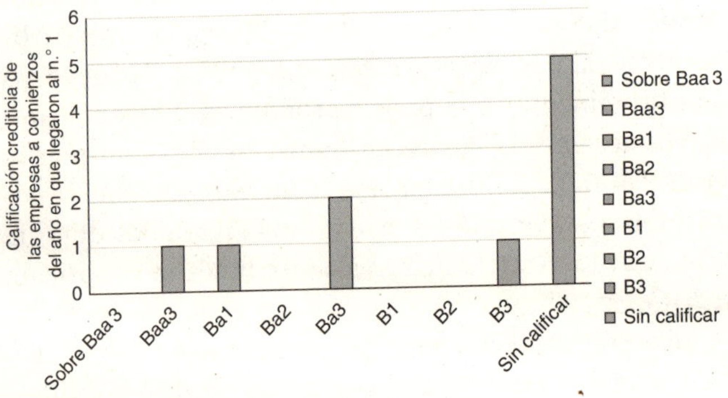

Fuente: Bloomberg L. P.

Gráfico 4.3. Calificaciones crediticias de las empresas a comienzos del año en que llegaron al n.º 1 (2012-2021), según Standard & Poor's

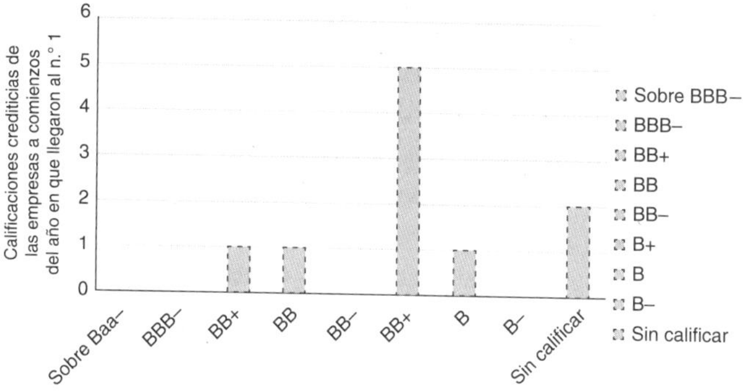

Fuente: Bloomberg L. P.

En cualquier caso, interpreta la ausencia de una calificación de la agencia Moody's como una buena señal. Es posible que los analistas de valores no presten demasiada atención a las calificaciones de los bonos, pero tú sí deberías fijarte en esas puntuaciones si estás buscando la acción n.º 1.

Desde un punto de vista técnico, los gráficos de barras utilizan una clasificación basada en códigos de letras, conocida como «calificación a largo plazo de la familia de empresas», o bien «crédito del emisor local a largo plazo». Estas puntuaciones suelen utilizarse con los bonos sénior no garantizados. Por regla general, los bonos sénior garantizados reciben una calificación más alta, mientras que la deuda subordinada obtiene una puntuación más baja que la otorgada a la empresa en sí.

Recuerda que, si Moody's ha publicado su valoración, podría no encajar con la puntuación otorgada por Standard & Poor's. Por ejemplo, el Ba3 de Moody's se corresponde con la BB– de Standard & Poor's. Por tanto, si una empresa recibe una de esas puntuaciones, pero la otra en cambio no coincide, se dice que la situación crediticia tiene una «calificación dividida». Si te encuentras con este escenario, puedes situar la calificación de una empresa en el punto medio entre ambas puntuaciones.

¿Alguien puede sentirse cómodo comprando acciones de una empresa que los periodistas califican una y otra vez como «basura»? Sí, claro que se puede. Una calificación que está por debajo del grado de inversión normalmente refleja un balance con una considerable carga de deuda. Pero que la empresa sea de pequeño tamaño y que su área de negocio tenga un alto grado de incertidumbre también pueden causar que su calificación se adentre en el territorio del grado especulativo. Como he mencionado en este mismo capítulo, esas características concretas pueden ser muy positivas y señalar en realidad que el valor es capaz de llegar al n.º 1.

Frente a la sensación que provoca el término despreciativo *basura*, una calificación por debajo de Baa3/BBB– no siempre implica que la empresa esté a punto de declararse en quiebra. La categoría de grado especulativo siempre incluye a unos cuantos «ángeles caídos». Son empresas que en el pasado merecían la calificación de grado de inversión, pero que en los últimos tiempos han sufrido unos cuantos reveses. Algunas de ellas continuarán deteriorándose hasta que sean incapaces de pagar sus deudas y acaben solicitando la bancarrota. Sin embargo, esta última situación no describe a las empresas que aparecen en estas páginas. De hecho, la mitad merecieron en su momento la designación «estrella emergente», y las agencias mejoraron sus calificaciones hasta concederles el grado de inversión, ya fuera durante o después de su reinado como la acción más rentable del índice. En 2022, AMD había mejorado hasta llegar a el A–, y Nvidia recorrió todo el camino hasta la cumbre para ganarse el A de Standard & Poor's. El apartado sobre «Consideraciones cualitativas» que aparece más adelante ofrece algunas pistas para detectar las tendencias positivas en materia crediticia, un factor que ayudó a todas esas estrellas emergentes a brillar con fuerza durante los años en que fueron las mejores de la clase.

Capitalización de mercado

El último factor vinculado a una métrica estadística no tiene una reputación intachable, pero, incluso así, debería mejorar las posibilidades de encontrar al candidato adecuado para el primer puesto. En general, las empresas que logran esa distinción no se encuentran entre los valores más seguidos y con mayor capitalización de mercado. Es mejor centrarse en valores con una capitalización bursátil más pequeña (el precio de la acción multiplicado por el número de acciones en circulación) y olvidarse de las empresas que el año pasado se quedaron a mitad de la tabla (el n.º 250). (Véase el gráfico 4.4.)

Gráfico 4.4. Capitalización de mercado del valor n.º 1 en comparación con el n.º 250 del año anterior

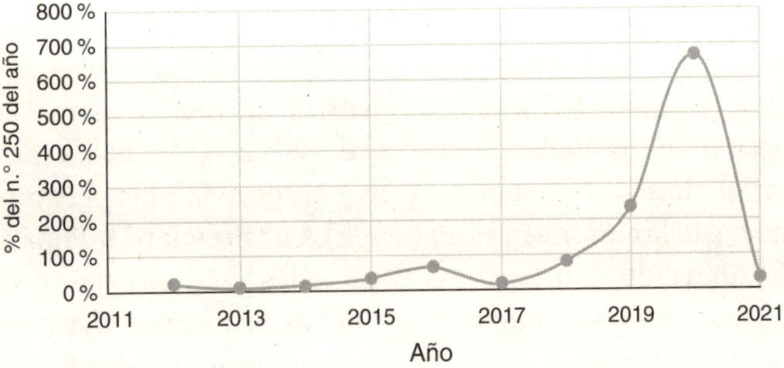

El mes de enero, la mitad de las acciones tenían una capitalización bursátil que sólo equivalía a una tercera parte de la alcanzada por el valor que el año anterior había ocupado el puesto 250. La ratio media fue del 33,5 %. Según esta métrica, Netflix (2015) tenía la cifra más baja, con sólo el 5 %. Al margen de las excepciones que menciono en el próximo párrafo, la ratio más elevada llegó al 80 %, con Advanced Micro Devices en 2018. La estadística recomienda restringir la búsqueda a los valores con una ratio igual o inferior a ese nivel.

La excepción más espectacular a esta regla, según la cual las acciones que llegan a lo más alto tienen una capitalización de mercado inferior a los valores que se quedan a mitad de la tabla, es la gran ganadora del año 2020, Tesla. En concreto, esta empresa se diferenciaba de la mayoría de los valores que llegaron al n.º 1 por varias e importantes razones. Su rentabilidad mientras lideraba el índice no sólo fue la más elevada de todo el grupo, con un 743 %, sino que, además, como refleja el gráfico 4.4 sobre la volatilidad, también representa la excepción a esta regla. Asimismo, era mucho más famosa que el resto de las que llegaron al n.º 1, gracias en buena medida a su pintoresco CEO, Elon Musk. En mi opinión, sería un error rechazar la capitalización de mercado como un factor de selección sólo por la ratio asociada a ese miembro tan poco representativo del club de los n.º 1.

A decir verdad, hay una segunda excepción a la norma que establece que los ganadores del primer premio provienen de un grupo con una capitalización por debajo del 80 % de la cantidad alcanzada por el valor que ocupó el puesto 250 el año anterior. Advanced Micro Devices (AMD) tenía una ratio del 236 % cuando comenzó su reinado en 2019 como líder indiscutible del S&P 500. No obstante, alcanzó esas cifras después de ponerse en cabeza durante 2018, un año que había arrancado con una capitalización que sólo representaba el 80 % de la registrada por la acción del puesto 250 en 2017. Del mismo modo que TSLA se diferencia del resto de las acciones n.º 1 por varias razones importantes, AMD también es muy singular por ser la única que ha encadenado 2 años seguidos en lo más alto. Quizá habría que conceder menos importancia a la capitalización de mercado que a otras métricas en el intento de seleccionar la apuesta por la acción n.º 1 del año que viene. Pero no deberías rechazarla por el simple hecho de que AMD fuera la excepción a la regla en uno de sus dos años de gloria.

Métodos descartados de selección estadística

Si bien es muy importante saber qué funciona para elegir las mejores acciones, también lo es conocer muy bien lo que no da resultados. Podría parecer natural, después de años de seguimiento a los analistas de los brókeres más importantes, asumir que los atributos que éstos utilizan para describir las «buenas» empresas son la clave para obtener la mejor rentabilidad del índice. Además, seguro que también puedes pensar en otras características que parecen requisitos evidentes para poder generar unos buenos beneficios. Y, después, están esas cosas que «todo el mundo sabe» sobre por qué las acciones se comportan de una forma y no de otra.

Posiblemente, la idea más importante que se destila de este libro es que las mejores acciones no poseen ninguna característica que sea muy evidente. Todas las posibles pistas entran en el reino de la suposición y la posibilidad, al menos hasta que la realidad confirma el potencial oculto en el valor. Si te pones a buscar el n.º 1 a partir de unas conjeturas que nadie ha podido demostrar, sólo te perderás por un camino muy poco productivo.

Durante los años que pasé en Wall Street trabajando como director de investigación especializado en renta fija, dediqué bastante tiempo a desmentir muchas de las cosas que me habían enseñado en mis tiempos como *trader*.

- «Todo el mundo sabe» que, cuando un bono pierde la calificación de grado de inversión, la gran mayoría de los inversores huyen despavoridos debido al estigma asociado al término *basura*. Esos bonos siempre se negocian por debajo de su valor intrínseco, lo cual crea muy buenas oportunidades para los actores más astutos que quieren obtener beneficios excepcionales.

- «Todo el mundo sabe» que, cuando una empresa recorta el dividendo, tiene más efectivo a su disposición para amortizar deuda. En consecuencia, los bonos de la empresa consiguen mejores resultados que otros parecidos.
- «Todo el mundo sabe» que, cuanto más alta sea la rentabilidad de los bonos del Tesoro, más grande será la diferencia de rendimiento entre los bonos de grado especulativo y los emitidos por el gobierno de Estados Unidos.

Cuando quise poner a prueba estas ideas con los datos reales del mercado, me di cuenta de que «lo que todo el mundo sabe» no era cierto, en ninguno de los casos.

Como resultado de mi investigación, descubrí que muchas de las cosas que había aprendido en las trincheras eran teorías inventadas por los vendedores de bonos. Su trabajo consistía en convencer a los gestores de carteras de que compraran cualquier producto que tuvieran en el inventario. Los vendedores podían cerrar sus operaciones y ganarse una comisión aprovechando la creencia popular del mercado, pese a que nunca se había sometido a un análisis riguroso basado en los datos. Y no pasaba nada si un principio sobre el teórico funcionamiento del mercado entraba en directa contradicción con otro, lo cual quería decir que uno de los dos no podía ser cierto.

Cualquiera que se atreviera a cuestionar la consagrada creencia popular era puesto en su sitio con la simple insinuación de que su comportamiento era una clara señal de inexperiencia. Otra estratagema era citar un ejemplo anecdótico que encajara con la creencia popular. Eso no demostraba nada, por supuesto, ya que podían haber existido muchos más ejemplos —como solía ocurrir— que contradecían lo que «todo el mundo sabe».

Todo esto nos lleva al mundo de las reglas para operar. La idea es comprar (o vender) siempre que se cumplan determinadas condiciones. Pero nadie espera que todas esas reglas generen un beneficio siempre que se utilizan. Son válidas si acumulan más éxitos que fracasos, lo que acaba generando una rentabilidad superior a la del mercado con el paso del tiempo.

Me he dado cuenta de que algunos supuestos expertos van promulgando ciertas reglas para operar, pero siempre se saltan el paso de demostrar estadísticamente que funcionan. Si alguna vez se les recrimina la cuestión, casi siempre «explican» que el *trading* es un arte, no una ciencia. Y después alardean de su «instinto natural para el mercado».

Volviendo a mi investigación particular sobre las creencias más extendidas en el mercado de bonos corporativos, me satisface poder decir que mis descubrimientos fueron muy bien recibidos por nuestros clientes institucionales. En cambio, pensaba que no despertarían el menor interés entre nuestros propios *traders*, así que no me sentí decepcionado cuando pude confirmarlo. El director de una mesa de operaciones me dijo, en referencia a su equipo: «No buscamos la verdad». Tenía razón. Encontrar la verdad no era una de las obligaciones de su trabajo. Generar beneficios, sí. La gran pregunta era si los clientes podrían ganar dinero mientras hicieran caso a los consejos de los *traders* y comerciales.

Para ser justos, también descubrí que algunos comerciales habían encontrado la manera de proteger de las malas compras a sus clientes sin despertar la ira de los *traders*. Presentaban la posible operación, como se esperaba de ellos, pero con el tono de la voz transmitían su falta de entusiasmo. La estrategia implicaba sacrificar una comisión de venta inmediata. Pero servía para forjar una relación de lealtad con el cliente, lo que a largo plazo era mucho más valiosa para el comercial.

El motivo por el que he hecho esta pequeña digresión, y que sí está relacionado con la búsqueda del valor n.º 1, es el siguiente: hay muchas posibles teorías sobre lo que distingue las mejores acciones del resto del grupo. Pero sólo son eso, teorías..., hasta que alguien haga los números pertinentes para demostrar que realmente funcionan.

Los criterios de selección basados en datos estadísticos que aparecen en las páginas anteriores funcionan de verdad. Son las auténticas joyas entre las muchas posibilidades que he analizado en colaboración con John Lee. Antes de llevar a cabo nuestro examen, todos esos criterios parecían tener alguna utilidad para reducir la lista de posibles candidatos a la acción n.º 1. Pero sólo unos pocos han dado buenos resultados. Si examinas bien los métodos de diagnóstico que decidimos rechazar, presentados en los epígrafes siguientes, podrás evitarte la experiencia de acabar en un callejón sin salida.

No sólo he comprobado cada teoría con las acciones n.º 1, sino también con las cinco más rentables del S&P 500 en cada ejercicio. Ampliar el número de valores en las pruebas nos permitió aumentar la fiabilidad de los resultados. Cada método descrito a los siguientes epígrafes incluye una hipótesis —el efecto que esperaba encontrar— y lo que realmente descubrí. (En todos los casos, los datos provienen de Bloomberg.)

Incremento porcentual del precio previsto por el analista

El análisis de valores tradicional genera precios objetivos. Comparar el precio actual de una acción con su precio objetivo produce el porcentaje de incremento previsto. Con cierta lógica, un inversor podría deducir que si los analistas tienen información valiosa sobre el futuro de las empresas que siguen, las mejores acciones que puede comprar son aquellas en que las predicciones sobre el incremento porcentual de los precios generan un mayor consenso.

Hipótesis Las 5 acciones más rentables empezaron el año en que llegaron a los primeros puestos con unas predicciones sobre el incremento porcentual de los precios que superaban a las de los 495 valores que quedaron por debajo.

Realidad No hay ningún indicio de que las 5 acciones

con la mejor rentabilidad tuvieran un incremento porcentual previsto que fuera superior al de los 495 valores que quedaron por debajo.

Crecimiento medio de los ingresos a cinco años

El análisis de valores tradicional destaca a menudo la buena rentabilidad de un valor en el pasado, que se mide de distintas formas, como uno de los posibles argumentos para comprar una acción.

Hipótesis Las 5 acciones más rentables registraron un crecimiento medio de los ingresos superior al de los 495 valores restantes durante los 5 años anteriores al ejercicio en que ocuparon los primeros puestos.

Realidad No hay ningún indicio de que las 5 mejores acciones tuvieran un crecimiento medio de los ingresos superior al de los 495 valores que quedaron por debajo.

Crecimiento medio de la rentabilidad financiera

El análisis tradicional de valores concede una gran importancia a la rentabilidad financiera, lo que también se conoce como rentabilidad sobre el capital propio, o ROE (*return on equity*). El ROE se calcula dividiendo el beneficio neto entre los recursos propios —el patrimonio neto—, y el resultado se expresa como un porcentaje. (El denominador es la media entre el patrimonio neto a comienzos y a final de año.) Cuando esta métrica para medir la rentabilidad refleja una fuerte tendencia al alza, podríamos estar ante la señal de que el valor se dirige hacia el percentil superior de la tabla.

Hipótesis Las cinco mejores acciones muestran un crecimiento medio anual del ROE superior al de otros valores, en los cinco ejercicios anteriores al año en que ocuparon los primeros puestos del índice.

Realidad No se aprecia el menor indicio de que las 5 mejores acciones superen a las 495 restantes en términos del crecimiento medio del ROE durante los 5 años previos a sus excepcionales beneficios.

Rentabilidad media del flujo de caja libre

En estas páginas se ha mencionado varias veces la importancia del flujo de caja libre (FCF, por sus siglas en inglés), a diferencia de la importancia del beneficio por acción, para determinar la valoración de una acción. El FCF se define como el flujo de caja operativo menos el gasto de capital (*capex*). Alguien podría imaginar que las cinco mejores empresas consiguen una rentabilidad por el flujo de caja libre muy superior al de otras con peores rendimientos. La rentabilidad del FCF se define como el flujo de caja libre por acción dividido entre el precio actual de la acción, y el resultado se expresa como un porcentaje.

Hipótesis Las cinco mejores acciones tienen una rentabilidad media del flujo de caja libre más elevada que el resto de los valores al cerrarse el año anterior al ejercicio en que ocuparon los primeros puestos del índice.

Realidad No hay ningún indicio de que las 5 mejores acciones tuvieran una rentabilidad del FCF superior a los 495 valores restantes.

Interés de los vendedores en corto

En el caso de que se produzca una sorpresa positiva en el rendimiento operativo, un valor que soporta muchas operaciones en corto puede recibir un impulso adicional por parte de los inversores bajistas que salen en desbandada para cubrir sus posiciones. Este comportamiento aumenta la posibilidad de que las rentabilidades más elevadas provengan de acciones con la ratio de interés corto más elevada a comienzos del período. Esta métrica se define como el número de acciones vendidas en corto entre el volumen medio de negociación diaria.

Hipótesis A finales del año anterior a su entrada en el 1 % más rentable, las 5 mejores acciones tenían una ratio de interés corto más elevada que los 495 valores que quedaron por debajo.

Realidad No hay ningún indicio de que las 5 mejores acciones empezaran su gran año con una ratio de interés corto más elevada que las 495 restantes.

Compras de acciones de los insiders

Las empresas que cotizan en Bolsa informan de las compras y ventas de acciones que llevan a cabo sus propios directores y ejecutivos. Las compras que realizan las personas que están dentro de la empresa (*insiders*) suelen interpretarse como una señal de que los individuos en posesión de la mejor información sobre las perspectivas de la empresa creen que la acción está infravalorada. A partir de ahí, podría deducirse que las mejores rentabilidades del índice vienen precedidas de un alto volumen de compras por parte de los *insiders*.

Hipótesis Las 5 mejores acciones siempre tenían un nivel de compras de *insiders* superior al resto de los valores del S&P 500 en el año anterior a su incorporación al 1 % con la mejor rentabilidad.

Realidad No hay ninguna prueba de que las cinco mejores acciones del año tuvieran un nivel más alto de compras de *insiders* que otros valores del índice.

Pronósticos de las agencias de calificación

Además de calificar los bonos de las empresas, Moody's y Standard & Poor's también publican un pronóstico sobre la puntuación. Indica la posible dirección en el futuro de la calificación de una empresa, según los términos *positivo*, *estable* o *negativo*. Como se mencionará después en el apartado «Consideraciones cualitativas», algunas de las acciones n.º 1 mostraron claros indicios de mejora en su calidad crediticia antes del año en que llegaron a lo más alto del índice. ¿Este factor favorable puede detectarse con los pronósticos que publican las agencias de calificación?

Hipótesis Las cinco mejores acciones muestran un patrón claro, caracterizado por los pronósticos positivos de las agencias a finales del año anterior a que ocuparan los primeros puestos.

Realidad Los pronósticos publicados por las agencias no mostraban ningún patrón reconocible, ni positivo ni negativo.

¿Por qué no funcionan estos métodos?

La anterior exposición de los métodos de selección estadística que hemos decidido rechazar menciona algunos de los grandes clásicos del análisis tradicional de valores; a saber, el crecimiento de los beneficios y la rentabilidad financiera. Entre los métodos rechazados, también hay una métrica basada en el flujo de caja libre, que este libro presenta como un indicador mucho más fiable que el tradicional centro de atención de los analistas, los beneficios por acción. Los precios objetivos de los analistas nunca han sido muy eficaces para separar los valores ganadores que formarán parte del 1 % del 99 % formado por los restantes candidatos. Los indicadores extraídos de los datos del mercado, la ratio de operaciones en corto y las compras de los *insiders* tampoco es que hayan dado buen resultado. Y, a pesar de que hemos descubierto que las calificaciones de los bonos diferenciaban las acciones n.º 1, y, después, explicamos que la mejora de la puntuación ayudó a algunas empresas a ocupar el primer puesto, el veredicto de las propias agencias de calificación no sirve de mucho para detectar al próximo ganador del gran premio. Todos esos posibles indicadores tenían sentido, al menos según dicta la intuición. Entonces, ¿por qué no sirven para nada cuando se trata de encontrar al próximo n.º 1?

Al final, todo se reduce al factor sorpresa. La Bolsa es bastante eficiente cuando refleja en el precio todo lo que se sabe sobre una acción. No tienes que creer a pie juntillas que el mercado es perfectamente «eficiente» —en un sentido más académico— para reconocer que no resulta sencillo superar a la media con una información que está a disposición de cualquier persona que trata de encontrar una pista. Las agencias más especializadas, que intentan predecir el futuro movimiento de los precios con sofisticados algoritmos, utilizan a un ejército de doctorados para realizar sus diagnósticos; y, aun así, no siempre aciertan.

Cuando los agentes de Bolsa recomiendan una acción con el argumento de que tiene un largo historial de beneficios, unos directivos de primera clase y un balance sólido, casi siempre hablan de cosas que eran ciertas el año pasado y el anterior. Si su discurso menciona que el mercado ha ignorado todas estas virtudes de forma inexplicable, pero que los inversores se darán cuenta tarde o temprano de que la empresa es una verdadera joya, siéntete perfectamente cómodo ignorando la idea y pasando a la siguiente. Salvo que las operaciones de la empresa empiecen a dar mejores resultados antes de lo que estaba previsto, no hay ningún motivo para que el mercado asigne de repente una valoración relativa más elevada a sus acciones.

Pensemos un momento en la historia de Zoom Video Communications (ZM). Esta empresa, que en 2022 no formaba parte del S&P 500, ofrece una plataforma que permite organizar reuniones por videollamada con personas que se encuentran en distintas partes del mundo. La empresa empezó a cotizar en abril de 2018 con la esperanza de que la demanda de sus servicios aumentaría con el tiempo, a medida que el teletrabajo fuera cada vez más habitual.

Nadie esperaba lo que ocurrió después. El 9 de enero de 2020, la Organización Mundial de la Salud publicó un informe sobre una misteriosa neumonía relacionada con un coronavirus que estaba afectando a la ciudad de Wuhan, en China. Enseguida se hizo evidente que, en respuesta a la pandemia de la COVID-19, las oficinas del mundo tendrían que bajar la persiana. Así que, como estaban trabajando desde casa, los empleados tenían que reunirse a distancia. En los dos primeros meses de 2020, ZM ganó más usuarios que en todo el año 2019. A mediados de abril, ZM ya había doblado los niveles del año anterior, y su precio llegó a cuadruplicarse en el transcurso de 2020.

Reconozco que es un ejemplo un poco extremo. Pero transmite muy bien la idea: las acciones no generan unos beneficios astronómicos porque los inversores incorporen por fin una información que estaba disponible desde hace mucho tiempo. Requiere que suceda algo inesperado.

El acontecimiento que desencadena la explosión no siempre tiene que ser una noticia inesperada, como en el caso de Zoom. Para que se produzca un *shock* positivo, basta con que sea inesperada para una parte sustancial de los inversores, cuyo criterio colectivo marca el precio de la acción. He aquí la razón por la que uno de los métodos de selección que decidí probar, la dispersión en las proyecciones del BPA, sí funciona.

Cuando todas las personas que están involucradas en una acción tienen el mismo punto de vista sobre las perspectivas de la empresa, el mejor resultado posible no se diferencia mucho de lo que ocurriría en el peor. Si después resulta que el pronóstico más optimista encaja con el precio real, nadie va a sentirse demasiado entusiasmado. Pero si la mitad de los inversores piensa que la empresa está condenada al fracaso, el modesto incremento de los beneficios que está esperando la otra mitad cambiará la percepción de los más escépticos, y la acción tendrá una fuerte subida.

Hasta ahora, he señalado los factores concretos y cuantificables que pueden ayudarte a acotar la selección de los valores con posibilidades de marcar una época. También te he ahorrado distintos caminos engañosos que utilizan los datos y las cifras que estaban disponibles antes de empezar su gran año triunfal. El resto del proceso para detectar la acción n.º 1 incluye otros criterios de naturaleza cualitativa. Para ayudarte en esta parte del desafío, he resumido unas cuantas ideas expuestas en el capítulo 2 («Aquí tienes sus historias») y el capítulo 3 («¡Noticia de última hora! Hay más de 500 valores»), y que destacan ciertos sucesos que contribuyeron a que las acciones llegaran al n.º 1. Después hablaré de algunas características —que no pueden reducirse a un simple número con el debido rigor— que también podrían orientarte hacia las mejores acciones entre las candidatas que ya hayas seleccionado.

Consideraciones cualitativas

Presiones externas por un cambio

En 2017, NRG pasó de la cola a la cabeza del pelotón por un cambio fundamental de su estrategia. La empresa abandonó la ambición de convertirse en el líder del sector de las renovables y se propuso obtener unos beneficios más seguros y estables con otras formas más tradicionales de generar electricidad. Los inversores activistas Paul Singer y C. John Wilder desempeñaron un papel fundamental para hacer realidad esta transformación. Sin embargo, las señales del cambio ya eran visibles antes de comienzos de año. El CEO que diseñó la estrategia verde había sido despedido en diciembre de 2015. Las operaciones solares y eólicas se redujeron en 2016, y NRG recortó el dividendo para facilitar el incremento de la inversión en la generación eléctrica convencional.

En el caso de Etsy, fueron varios los inversores activistas que entraron en escena durante 2017, el año anterior a su gran victoria sobre el resto de los valores del S&P 500. Adquirieron grandes participaciones en Etsy y presionaron para adoptar un cambio de estrategia. La empresa contrató a Goldman Sachs para que llevara a cabo un informe estratégico, y más tarde se dispararon los rumores sobre una posible adquisición. Poco después, Etsy tenía un nuevo CEO, un nuevo director financiero y un nuevo director tecnológico. Se aprobó una reducción de costes, y se abandonó la política de la empresa que apostaba por confiar exclusivamente en los ingenieros de la plantilla.

Antes del año en que Devon llegó a lo más alto, 2020, la dirección ya había preparado el terreno vendiendo las explotaciones que tenían una rentabilidad muy baja y un período de amortización muy largo. La medida proporcionó más efectivo para invertir en nuevas prospecciones orientadas al petróleo de esquisto, que tenían un mayor potencial a largo plazo. La revisión estratégica cumplió con las demandas de los inversores en aquel momento concreto: aumentar la rentabilidad financiera a corto plazo. El mercado también reconoció que Devon estaba a la vanguardia del sector en la adopción de tecnologías de perforación innovadoras y mucho más eficientes.

Tecnología dinámica

Las acciones no duplican su precio en un solo año sin grandes cambios en las circunstancias que las rodean. El cambio puede estar relacionado con sus perspectivas de negocio, y puede afectar a cualquier empresa, por una variedad de razones. Pero las tecnologías que evolucionan con mucha rapidez pueden multiplicar las opciones.

El sector de los semiconductores se caracteriza por desarrollar unos productos que tienen un ciclo vital muy corto. Los competidores persiguen diversas soluciones en un intento de tomar la delantera en la próxima fase de desarrollo. Y los inversores no pueden saber a ciencia cierta cuál será la solución que al final se alzará con la victoria. Sin embargo, un valor que cumple con el resto de los requisitos para ser el n.º 1 tiene más probabilidades de llegar a lo más alto si opera en este tipo de sector.

Advanced Micro Devices (AMD) creció en ese entorno durante 2019. La empresa realizó notables avances en los segmentos relacionados con los servidores, las unidades centrales de procesamiento y las unidades de procesamiento gráfico. Las fuentes que conocían el mercado anunciaban que Advanced Micro Devices también estaba muy bien posicionada para abrirse camino en el segmento de los ordenadores personales y los centros de datos.

También en 2019, Enphase Energy (ENPH), un valor que no formaba parte del S&P 500 por aquel entonces, obtuvo en 3 ocasiones una rentabilidad total tan alta como la del líder del índice, AMD. Los éxitos de ENPH en un sector tan dinámico desde un punto de vista tecnológico como los equipos para producir energía solar fueron cruciales para que el valor obtuviera unos resultados extraordinarios. La octava generación de la línea IQ de la empresa adelantó a todos sus competidores porque funcionaba sin baterías, y de este modo pudo convertirse en una opción de bajo coste.

Entre las empresas examinadas en los capítulos anteriores, SolarEdge Technologies, Tesla y Devon Energy también estaban consideradas como los líderes tecnológicos de sus respectivos sectores. Esta característica tampoco garantiza que la acción vaya a experimentar una subida espectacular cada año. Y no es algo tan fácil de cuantificar como la volatilidad del precio o la dispersión de los pronósticos del BPA. Pero el liderazgo tecnológico es, sin lugar a duda, un factor cualitativo que puede meter a una empresa en la lucha por el n.º 1.

Signos de una posible mejora de la calidad crediticia

La mejora de la calidad crediticia desempeñó un papel importante en la derrota infligida por NRG y Enphase al resto de las acciones del S&P 500. Cuando Moody's corrigió al alza la valoración de NRG, que pasó de «estable» a «positiva» en 2017, la mejora de la calidad crediticia de la empresa recibió el espaldarazo que necesitaba en su gran año triunfal. Enphase demostró la mejora de su solidez financiera cuando anunció, a comienzos del año en que llegó a lo más alto del S&P 500 (2019), que había amortizado por completo sus préstamos a término.

La mejora de la calidad crediticia también ocupa un lugar destacado en la historia de otras de las empresas analizadas. Tanto Moody's como Standard & Poor's mejoraron la calificación de los bonos de Advanced Micro Devices en 2017. Esas correcciones al alza, sin embargo, no eran nada nuevo en este caso, y seguramente ya se habían incorporado al precio de la acción de AMD en el momento en que comenzó su reinado como la n.º 1 del índice en 2018. El perfil financiero de la empresa no dejó de mejorar, y Standard & Poor's volvió a subir su calificación en 2019.

Como hemos mencionado en el apartado «Métodos descartados de selección estadística», una calificación positiva sobre las perspectivas de los bonos de una empresa no es la panacea para identificar con antelación las acciones n.º 1. Pero si estudias en detalle las finanzas de las empresas candidatas, quizá descubras algunas pistas de una futura mejora de la calidad crediticia. Por ejemplo, los analistas ya habían mencionado la solidez del balance de NRG en 2016, un año antes de ocupar el primer puesto del S&P 500.

En apariencia, este rasgo positivo entra dentro del orden de cosas que ya se sabían de la empresa. Como he señalado, las grandes rentabilidades en el mercado de valores son el resultado de algún tipo de cambio. En este sentido, una investigación realizada por Robert W. Holthausen y Richard W. Leftwich, que se publicó en 1986, reveló que los precios de las acciones responden de forma positiva a la mejora de la calificación de los bonos de una empresa, como ocurrió con NRG en el transcurso de su año triunfal, pero no a las correcciones al alza de esas mismas calificaciones.[33] Lo que importa no es la calificación en sí, sino un cambio significativo en la puntuación.

Así pues, sería posible anticipar una posible mejora de las perspectivas de la empresa si se analizan con detenimiento las declaraciones financieras de cada candidato. Aunque no es verdad, como sostienen los críticos, que las agencias de calificación analicen las empresas mirando

33. Holthausen, Robert W.; y Leftwich, Richard W., «The effect of bond rating changes on common stock prices», *Journal of Financial Economics*, 17, 3 (marzo de 1986), pp. 57-89.

por el retrovisor, sí buscan una confirmación clara de una tendencia antes de corregir sus opiniones. De este modo evitan corregir sus dictámenes con demasiada frecuencia, tanto al alza como a la baja, en respuesta a los altibajos a corto plazo de las perspectivas de una empresa.

Las agencias de calificación podrían cambiar las puntuaciones con mucha frecuencia si así lo desearan los tenedores de bonos. Pero, por regla general, los gestores de las carteras de deuda instan a las agencias de calificación a mantener una mirada a largo plazo. De otro modo, los gestores podrían verse obligados a deshacerse de los bonos de las empresas que pierden algún grado en la calificación, para así poder mantener el equilibrio deseado en la cartera. Poco después, cuando recuperaran la calificación anterior, los gestores tendrían que comprar de nuevo los mismos bonos. Dar esa especie de rodeo es mucho más costoso que conservar el activo durante la caída y el posterior rebote. La mayoría de los bonos corporativos son mucho menos líquidos que las acciones, por lo que comprar y vender en repetidas ocasiones comporta unos costes de transacción muy elevados, que van en detrimento de la remuneración del gestor de la cartera.

Las ratios financieras son una parte importante del proceso de calificación de bonos, aunque otros factores más subjetivos también resultan relevantes. Las agencias de calificación y los analistas de valores han diseñado muchas variantes de las ratios que miden los márgenes de beneficios, la rentabilidad financiera, el apalancamiento crediticio y la cobertura de intereses. Por ejemplo, mi libro (coescrito con Fernando Álvarez) *Financial statement analysis: a practitioner's guide* (5.ª edición, 2022) incluye varias ratios que Fitch Ratings propone para analizar la calidad de la deuda.[34] Sin embargo, siempre es posible detectar la mejora de la calidad crediticia si calculas las sencillas ratios que aparecen en la tabla 4.2., para cada uno de los últimos años.

Tabla 4.2. Índices útiles para detectar tendencias de mejora del crédito

$$\frac{\text{ventas} - \text{coste de los bienes vendidos}}{\text{ventas}}$$

$$\frac{\text{beneficios netos} - \text{dividendos}}{\text{deuda total} + \text{patrimonio neto}}$$

$$\frac{\text{deuda total}}{\text{EBITDA}}$$

$$\frac{\text{EBITDA}}{\text{gastos por intereses}}$$

Notas: EBITDA = beneficios antes de intereses, impuestos, depreciaciones y amortizaciones.
Deuda total = deuda a largo plazo + deuda a corto plazo + vencimientos actuales de la deuda a largo plazo
En la ratio deuda total/EBITDA, una tendencia a la baja a lo largo del tiempo indica la mejora de la calidad crediticia. En el resto de los casos, una tendencia al alza señala la mejora de la calidad crediticia.

34. Fridson, Martin S.; y Álvarez, Fernando, *Financial statement analysis: a practitioner's guide*, 5.ª ed., John Wiley & Sons, pp. 328-334, Estados Unidos, 2022.

Las tendencias positivas durante los últimos años en estos indicadores de la calidad crediticia pueden interpretarse como un favor cualitativo favorable en la búsqueda de la próxima acción n.º 1. Este tipo de análisis puede ayudarte a anticipar los cambios positivos de las agencias de calificación sobre la calidad crediticia de una empresa, lo que suele estar asociado con un aumento del precio de la acción, como ya han confirmado distintas investigaciones. Pero, incluso si las agencias no corrigen la calificación, descubrir que el perfil crediticio de una empresa ha mejorado confirma que tiene bastantes similitudes con otros valores que encabezaron la lista del S&P 500 en el pasado. Recuerda, sin embargo, que la mejora debe partir de una nota que relegue a la empresa a un territorio que limita o se adentra en el grado especulativo (o «basura», en la jerga de la prensa económica) en lo que respecta a calificación de sus bonos.

Competidor dominante

Tres de las empresas analizadas en estas páginas estaban bastante limitadas porque tenían que enfrentarse a unos competidores colosales. Pero, en realidad, esa situación tan difícil puede ser una característica positiva cuando se trata de encontrar el valor ganador entre los potenciales candidatos a la medalla de oro. Escapar de ese dilema competitivo, ya sea a través de la innovación o de las dudas del Goliat del sector, puede impulsar a una empresa a lo más alto.

Etsy se enfrentó a Amazon, el destructor de competidores más formidable del mercado. Pero, antes de 2018, el año en que una plataforma mucho más modesta superó la rentabilidad de todos los valores del S&P 500 sin pertenecer siquiera al índice de referencia, los seguidores más fieles de los analistas bursátiles ya sabían que Etsy había reorganizado el panorama competitivo. Blake Harper, de Loop Capital, anunció que las inversiones de la empresa en inteligencia artificial le habían permitido contrarrestar los renovados esfuerzos de Amazon en el nicho de Etsy. Fue un buen ejemplo del valor que aportan los analistas del mercado cuando se dedican a explicar las dinámicas de un sector.

La incursión de un competidor mucho más potente en el área de producto de otra empresa fue el mismo problema al que tuvo que enfrentarse Enphase Energy antes de su despegue de 2019. Huawei Technologies, que ya dominaba los proyectos de energía solar a escala industrial, empezó a vender en el mercado doméstico, justo donde Enphase concentraba sus esfuerzos. Esa nueva amenaza se convirtió en un lastre para el precio de ENPH, al menos hasta que el destino decidió intervenir. La directora financiera de Huawei fue detenida bajo la acusación de violar las sanciones comerciales que Estados Unidos imponía a Irán. La noticia significó un duro revés para las intenciones del gigante chino.

De forma similar, Advanced Micro Systems (AMD) también pudo aprovecharse del traspiés de un peso pesado del sector en 2018. Sus acciones subieron después de la publicación de un informe sobre un defecto de ciertos chips fabricados por Intel, que causaba una brecha de seguridad en el sistema operativo que los *hackers* podían aprovechar. AMD subió de precio a pesar de que *Barron's* dio todo su apoyo a la respuesta de Intel, en la que decía que los chips no tenían ningún tipo de fallo. Y todo aquello llegó además en un momento en que algunos de los grandes consumidores de chips querían reducir su dependencia de Intel.

Los peces pequeños no siempre encuentran la oportunidad que les permite ganar cuota de mercado o esquivar las incursiones de un competidor mucho más poderoso. Pero, como demuestran las historias de las acciones n.º 1, algo importante tiene que cambiar para que una empresa pueda llegar a lo más alto. Soportar el yugo de un coloso del sector crea al menos una oportunidad para que se produzca un cambio significativo en la dinámica del mercado.

Posdata a un año lamentable

La presente exposición de las características de las mejores acciones, que salvo en un único caso generaron una rentabilidad superior al cien por cien, se basa en los acontecimientos de los años 2012-2021. Este período incluye dos años en que el nivel del S&P 500 mostraba un retroceso al cierre del ejercicio, aunque no fue nada que pudiera compararse con la terrible caída provocada por la crisis financiera global, ocurrida unos pocos años antes. La acción n.º 1 de 2008, Family Dollar Stores (FDO), sólo generó una rentabilidad del 36 %. Pero los factores de selección estadísticos que funcionaron en los años buenos lo siguieron haciendo incluso en el peor año de la Bolsa desde la Gran Depresión.

En 2007, la volatilidad de FDO fue 3,5 veces superior a la registrada por el valor n.º 250, bastante por encima de la proporción recomendada de 1,5 veces. En cuanto a la dispersión de los precios objetivos, la estadística Fridson-Lee de FDO ofrecía un resultado del 16 %, sólo un poco por debajo del umbral del 18 % que caracterizó las acciones n.º 1 durante 2012-2021, pero bastante por encima del 11,7 % del único valor que llegó al primer puesto sin igualar el nivel del resto. Las agencias de calificación ni siquiera publicaron proyecciones sobre FDO en 2008. Pero las calificaciones iniciales de Moody's (Ba2 en 2015) y Standard & Poor's (BBB- en 2011) indican que la calidad crediticia de la empresa estaba en el grado especulativo, o como máximo un peldaño por encima, cuando lideró al índice S&P 500. Por último, la capitalización de mercado de FDO a finales de 2008 era el 43 % de la alcanzada por la acción n.º 250 de aquel mismo año. Una cifra que no está muy lejos del promedio habitual de esta categoría, del 33,5 %.

Según estos resultados, las directrices estadísticas extraídas de las empresas que se estudian en estas páginas deberían continuar siendo válidas en los próximos años, llueva, truene o relampaguee.

5

¡Comienza el ataque a la cumbre!

¿Todo preparado para satisfacer ese impulso especulativo, y con un sistema que no afecte a tu objetivo principal, que no debería ser otro que invertir con prudencia para financiar la educación de tus hijos y tu futura jubilación?

Quizá te gusta hablar de la Bolsa con tus amigos, y alardear de las acciones que te han reportado unos buenos beneficios. Si es así, tus amigos y tú podríais crear un fondo común y apostar a la mejor acción del S&P 500 para el año que viene. O tal vez lo que te motiva es poner a prueba tu inteligencia y competir contra el mercado.

Más allá de la opción que al final elijas para encontrar emociones fuertes en la Bolsa, la búsqueda de la mejor acción puede ser una forma bastante inofensiva de dar rienda suelta a ese impulso. Siempre y cuando, por supuesto, no dediques más de un par de puntos porcentuales de la cartera a la misión. Mientras tanto, la investigación que realices durante la búsqueda puede reportarte unos buenos «dividendos»; en este caso, nuevos conocimientos sobre las características que hacen destacar a una acción.

Comprender mejor el funcionamiento del mercado no es la única manera de alzarse con la victoria, incluso si al final no tienes éxito en tu intento de encontrar la mejor acción. Si tu candidata «sólo» termina entre las cinco mejores, es muy probable que te sientas bastante satisfecho. Entre 2012 y 2021, la acción n.º 5 del S&P 500 ofreció una rentabilidad total entre el 57 y el 141 %.

¡Por favor! ¡Incluso terminar entre las diez primeras del índice tampoco sería tan terrible! La rentabilidad de la acción n.º 50 osciló entre el 20 % y el 71 %. Y el peor resultado, un 20 % en 2018, significó toda una victoria en un contexto en que el rendimiento total del índice S&P 500 fue de un −8 %, en negativo.

Así pues, si sigues todos los pasos que se resumen a continuación, y aun así no consigues acotar tu búsqueda a un solo candidato, no pasa nada por repartir el dinero que tienes pensado invertir entre dos o tres acciones. Combinadas, sin embargo, no deberían representar más de un par de puntos porcentuales del valor total de tu cartera. Y si participas en algún tipo de competición para encontrar la acción n.º 1, debes apostar por aquella que te parezca la más adecuada para lograr el objetivo.

Sólo debes recordar que las mejores candidatas a ser n.º 1 son propensas a las sorpresas. Y las sorpresas suelen tener dos caras muy distintas. La primera es negativa. Si al final eres uno de los perjudicados por esa clase de sorpresa, la acción que elegiste podría terminar en los últimos puestos de la clasificación. Por esta razón, nunca deberías arriesgar más que una pequeña parte de tu cartera.

Si decides apuntarte, aquí tienes una recapitulación de las características que debes buscar para elegir la mejor acción del S&P 500 el año que viene. (Para conocer los detalles de los cálculos propuestos, véase el capítulo 4: «Los secretos de las mejores acciones».)

Escoge una acción que tenga todas estas características cuantitativas:

- La volatilidad del precio durante el año anterior debe ser como mínimo 1,5 veces superior a la del valor que quedó en el puesto 250 en la clasificación de la rentabilidad total.
- La estadística Fridson-Lee (una métrica de la dispersión de los pronósticos de los analistas sobre el BPA) debe ser mayor del 18 %.
- Una calificación de los bonos de Baa3 o menos en el caso de Moody's, o de BBB– o menos en el de Standard & Poor's.
- Una capitalización de mercado equivalente o inferior al 80 % de la alcanzada por el valor que el año pasado acabó en el puesto n.º 250, en términos de rentabilidad total. (Algunas acciones que llegaron a ser n.º 1 son excepciones a la regla.)

Acto seguido, busca una o más de las siguientes características cualitativas:

- Presión externa para realizar cambios
- Tecnología dinámica
- Señales de una posible mejora de la calidad crediticia (sin incluir las perspectivas futuras sobre los bonos de las agencias de calificación)
- Un competidor dominante

Al final de estos comentarios encontrarás un resumen (tabla 5.1) con los datos reales de las 10 acciones que llegaron al n.º 1 durante el período 2021-2021 en las categorías cuantitativas descritas en el libro. Los datos corresponden al día anterior a que salieran disparadas hacia el primer puesto de la clasificación de rentabilidad.

Ahora tienes en tus manos un plan de acción que propone una forma distinta de ver la inversión en acciones, y que no tiene nada que ver con otras cosas que hayas podido leer. Si sientes curiosidad por el desafío que representa elegir la mejor acción del S&P 500 el año que viene, estas directrices te ayudarán a acotar la búsqueda en los principales candidatos. Los informes que publican las agencias de Wall Street y otras organizaciones independientes pueden ayudarte a identificar las características cualitativas que refuerzan la candidatura de una acción determinada.

Ponte en marcha teniendo muy presente el lema latino «E pluribus unum», es decir: «De muchos (500, para ser exactos), uno». Al fin y al cabo, ¿por qué no puedes ser tú uno de los inversores afortunados inteligentes que tienen en cartera la acción más rentable de todo el índice?

Tabla 5.1. Perfil estadístico de las acciones n.º 1 (2012-2021)

A fecha	31 de diciembre de 2012
Nombre	PulteGroup Inc.
Código	PHM
Sector	Bienes de consumo discrecional
Volatilidad como porcentaje del valor n.º 250	420,6 %
Estadística Fridson-Lee	44,4 %
Calificación de los bonos	
Moody's	Sin calificación
Standard & Poor's	BB–
Capitalización como porcentaje del valor n.º 250 del S&P 500	20,1 %
A fecha	31 de diciembre de 2013
Nombre	Netflix Inc.
Código	NFLX
Sector	Comunicación
Volatilidad como porcentaje del valor n.º 250	231,8 %
Estadística Fridson-Lee	69,6 %
Calificación de los bonos	
Moody's	Ba3
Standard & Poor's	BB–
Capitalización como porcentaje del valor n.º 250 del S&P 500	49,0 %
A fecha	31 de diciembre de 2014
Nombre	Southwest Airlines Co.
Código	LUV
Sector	Industriales
Volatilidad como porcentaje del valor n.º 250	175,4 %
Estadística Fridson-Lee	33,6 %
Calificación de los bonos	
Moody's	Baa3
Standard & Poor's	BBB–
Capitalización como porcentaje del valor n.º 250 del S&P 500	15,3 %

... / ...

... / ...

A fecha	31 de diciembre de 2015
Nombre	Netflix Inc.
Código	NFLX
Sector	Comunicación
Volatilidad como porcentaje del valor n.º 250	185,6 %
Estadística Fridson-Lee	68,8 %
Calificación de los bonos	
Moody's	Ba3
Standard & Poor's	BB–
Capitalización como porcentaje del valor n.º 250 del S&P 500	34,4 %

A fecha	31 de diciembre de 2016
Nombre	Nvidia Corp.
Código	NVDA
Sector	Tecnología de la información
Volatilidad como porcentaje del valor n.º 250	146,5 %
Estadística Fridson-Lee	18,4 %
Calificación de los bonos	
Moody's	Sin calificación
Standard & Poor's	BB+
Capitalización como porcentaje del valor n.º 250 del S&P 500	62,0 %

A fecha	31 de diciembre de 2017
Nombre	NRG Energy Inc.
Código	NRG
Sector	Servicios básicos
Volatilidad como porcentaje del valor n.º 250	174,0 %
Estadística Fridson-Lee	195,7 %
Calificación de los bonos	
Moody's	Sin calificación
Standard & Poor's	BB–
Capitalización como porcentaje del valor n.º 250 del S&P 500	16,3 %

... / ...

... / ...

A fecha	31 de diciembre de 2018
Nombre	Advanced Micro Devices
Código	AMD
Sector	Tecnología de la información
Volatilidad como porcentaje del valor n.º 250	284,7 %
Estadística Fridson-Lee	23,3 %
Calificación de los bonos	
Moody's	Sin calificación
Standard & Poor's	B–
Capitalización como porcentaje del valor n.º 250 del S&P 500	80,5 %

A fecha	31 de diciembre de 2019
Nombre	Advanced Micro Devices
Código	AMD
Sector	Tecnología de la información
Volatilidad como porcentaje del valor n.º 250	626,0 %
Estadística Fridson-Lee	19,0 %
Calificación de los bonos	
Moody's	Sin calificación
Standard & Poor's	B+
Capitalización como porcentaje del valor n.º 250 del S&P 500	236,0 %

A fecha	31 de diciembre de 2020
Nombre	Tesla Inc.
Código	TSLA
Sector	Bienes de consumo discrecional
Volatilidad como porcentaje del valor n.º 250	184,1 %
Estadística Fridson-Lee	197,0 %
Calificación de los bonos	
Moody's	B3
Standard & Poor's	B–
Capitalización como porcentaje del valor n.º 250 del S&P 500	669,1 %

... / ...

... / ...

A fecha	31 de diciembre de 2021
Nombre	Devon Energy Group
Código	DVN
Sector	Energía
Volatilidad como porcentaje del valor n.º 250	278,7 %
Estadística Fridson-Lee	11,7 %
Calificación de los bonos	
Moody's	Ba1
Standard & Poor's	BB–
Capitalización como porcentaje del valor n.º 250 del S& 00	32,5 %

Agradecimientos

Este libro nunca se habría hecho realidad sin la participación de John Lee en la búsqueda y la verificación de un enorme conjunto de datos. Quiero dar las gracias a Bill Falloon y a Purvi Patel, de John Wiley & Sons, por sus gestiones para que el proyecto pudiera ser aprobado, así como por la supervisión durante todo el proceso hasta tener el producto terminado. Quiero dar también las gracias a Fernando Álvarez, Peter Ernster, Steven Miller, Barry Nelson, Megan Neuberger, Daniel Partlow, Eric Rosenthal, Dominique Terris y al dedicado personal de la Baker Library, en la Harvard Business School, por ayudarme a mejorar el libro en la medida de lo posible. Pero, en primer lugar, Elain Sisman se ha ganado mi más profundo agradecimiento por sus consejos y su apoyo inquebrantable.